Erfolgsgeheimnis Biorhythmus

Walter A. Appel

Erfolgsgeheimnis Biorhythmus

Die Zeit arbeitet für Sie

- Bestimmen Sie Ihre eigenen Rhythmuskurven
- Gewinnen Sie Sicherheit in der Lebens-
  gestaltung
- Mit vielen prominenten Fallbeispielen

MiDeNA

Der Autor: Walter A. Appel lebt und arbeitet in Landsberg. Er ist seit Jahrzehnten als international anerkannter Rhythmenforscher, praktizierender Lebensberater und renommierter Autor tätig und gilt als der bekannteste Vertreter der angewandten Periodenlehre.

Hinweis: Die Inhalte des vorliegenden Ratgebers sind sorgfältig recherchiert und erarbeitet. Dennoch kann aus rechtlichen Gründen weder vom Autor noch vom Verlag eine Haftung oder Gewähr übernommen werden.

Die Deutsche Bibliothek – CIP-Einheitsaufnahme

Appel, Walter A.:
Erfolgsgeheimnis Biorhythmus : die Zeit arbeitet für Sie ; bestimmen Sie Ihre eigenen Rhythmuskurven, gewinnen Sie Sicherheit in der Lebensgestaltung ; mit vielen prominenten Fallbeispielen / Walter A. Appel.
– Augsburg : Midena, 1998
ISBN 3-310-00462-7

Midena Verlag, Augsburg
© 1998 Weltbild Verlag GmbH, Augsburg
Alle Rechte vorbehalten

Redaktion: Franz Leipold
Grafiken: Klaus Dursch, Fürth
Fotos: Hanns-Michael Schindler S. 44; Mauritius/AGE S. 2, 21, 25, 35, 111, –/Coll S. 29, –/Powerstock S. 72, –/Pigneter S. 76, –/Photri S. 82, –/Mehlig S. 85, –/Benelux Press S. 123; Casio Computer Co. GmbH S. 68
Umschlaggestaltung: S/L Kommunikation
Umschlagfotos: Gert Krienke/Bavaria
Satz: Gesetzt aus der Stone Serif von satz-studio gmbh, Bäumenheim
Reproduktion: Mayr Reprotechnik GmbH, Donauwörth
Druck und Bindung: Offizin Andersen Nexö, Leipzig – ein Betrieb der INTERDRUCK Graphischer Großbetrieb GmbH

Printed in Germany

ISBN 3-310-00462-7

Inhalt

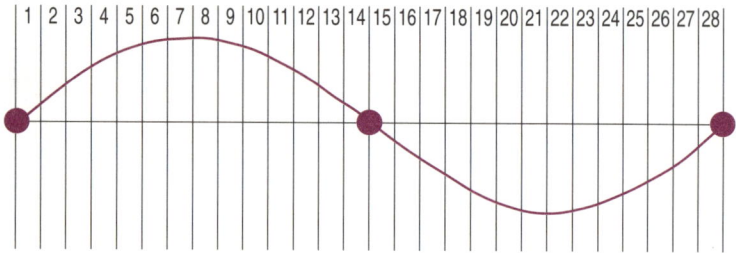

Vorwort

Dieses Buch ist **nicht** für Sie geschrieben, wenn ...

... Sie überzeugt sind, daß der Tag Ihrer Empfängnis und Ihrer Geburt und auch Ihre Geschlechtsbestimmung (männlich oder weiblich) reiner Zufall waren,

... Ihr körperliches und Ihr emotionales Wohlbefinden keinen wesentlichen Schwankungen oder Veränderungen unterworfen ist,

... Sie bislang keinen selbstverschuldeten Unfall oder Schaden erlitten haben,

... Sie Ihre privaten oder geschäftlichen Termine rein gefühlsmäßig immer richtig planen,

... Sie sich noch nie zu Ihrem Nachteil bei der Beurteilung einer privaten oder beruflichen Beziehung geirrt haben,

... Sie keinerlei Interesse daran haben, im Einklang mit der Natur zu sein und einfach in den Tag hinein leben,

... Sie wissenschaftlichen Untersuchungen und Erfahrungsberichten grundsätzlich keinen Glauben schenken.

Damit wir uns verstehen: Falls die meisten der aufgeführten Testpunkte auf Sie zutreffen und Sie diese mit ja beantworten, dann sind Sie ein sehr seltener, aber ein echter **Glückspilz**, dem man nur herzlich gratulieren kann! Anscheinend handeln Sie instinktiv immer zur richtigen Zeit, am richtigen Ort und gegebenenfalls mit den richtigen Partnern.

Aber dieses Buch ist **für Sie geschrieben**, und besonders für Sie, wenn ...

... Sie den Wechselfällen und Unwägbarkeiten des Lebens nicht unerwartet gegenüberstehen wollen,

... Ihnen viel daran liegt, Ihr Gemütsleben so in den Griff zu bekommen, daß Sie eine Hochstimmung nicht überschätzen und in einer Tiefphase nicht gleich verzweifeln,

... Sie ungeachtet der äußeren Bedingungen gesundheitliche Gefahren und Wagnisse fernhalten wollen,

... Sie sich unbedingt den Anforderungen des Wettbewerbs und der Anstrengung der Streßbelastung stellen müssen,

... Sie eine denkbare Erklärung für plötzlich auftretende Beschwerden, Blockaden oder Beunruhigungen suchen,

... Sie gerne bei der Partnerwahl die unsichtbaren Bindungskräfte berücksichtigen, die ständig in einer Beziehung wirksam sind,

... Sie beabsichtigen, das Geschlecht Ihres Wunschkindes durch die Beachtung bestimmter Rhythmenlagen im voraus zu bestimmen,

... Sie sich nicht von Zukunftsängsten beherrschen lassen, sondern bewußt schwache Tage in starke Tage umwandeln,

... Sie erfahren wollen, wann die günstigste Zeit ist für besondere Hochleistungen, beispielsweise für ein erfülltes Liebesleben, anstrengende Reisen, sportliche Höchstleistungen, schwierige Verhandlungen, unabwendbare Eingriffe, kraftraubende Kuren, wichtige Entscheidungen oder Änderung von Lebensgewohnheiten.

Dieses Buch ist besonders gedacht für Leserinnen und Leser, die mehr erfahren wollen über die geheimnisvolle Macht der biologischen Langzeitrhythmen. Es behandelt ein spannendes Thema und beantwortet auch Fragen, die Sie sich schon immer gestellt haben. Es ist unwichtig, wer und wie alt Sie sind und wo Sie leben und wirken, denn die Kenntnis der Zeitqualität ermöglicht es jedem, das Auf und Ab der Leistungsfähigkeit richtig einzuschätzen.

Durch das Wissen über die Tendenz der Biorhythmen lassen sich oftmals unerwünschte Ereignisse der Vergangenheit aufklären und förderliche oder hemmende Zustände der Gegenwart besser beurteilen, auch die Entwicklung der Zukunft kann wunschgemäß beeinflußt werden. Sie sehen schon: Es gibt eine empfehlenswerte Möglichkeit, das Leben glücklicher, reicher und lebendiger zu gestalten.

Dieses Buch beruht auf intensiver Beobachtung und Sammlung von Ereignisdaten sowie auf einer jahrzehntelangen Beratungspraxis; es liefert Beweise für das Vorhandensein einer persönlichen Lebenskurve.

Es kann lebenslang Ihr persönlicher Ratgeber werden, denn Sie haben die Möglichkeit, Ihre eigene Biorhythmik zu berechnen (und auch die von Verwandten oder Bekannten) und das Ergebnis mit einer einfachen Erfolgsformel umzusetzen. So wie Sie bei Tag aktiv sind und bei Nacht in der Regel neue Kräfte sammeln, lassen sich auch längere Zeitabschnitte des Schaffens und des Ruhens nützen. Wer klug ist und taktisch vorgehen will, wird seine Vorhaben nach Möglichkeit in einen Zeitabschnitt der Voll-Leistungsfähigkeit legen.

Ich möchte es nicht nur denen wärmstens empfehlen, die beruflich besonders davon profitieren können, wie beispielsweise den Beteiligten aller helfenden Berufe, sondern allen, die das Naturgesetz der Rhythmik nicht mißachten, sondern zweckmäßig und zielbewußt benützen.

Nutzen auch Sie das **Erfolgsgeheimnis Biorhythmus**, ganz egal, wer und was Sie sind. Erst durch die Kenntnis Ihrer ganz persönlichen Lebenskurven können Sie die Zeit für sich arbeiten lassen und eine erfolgreichere Lebens- und Schicksalsgestaltung erreichen. Jedenfalls bringt die Beachtung der Langzeitperioden nach *Dr. W. Fließ* und *Prof. H. Swoboda* für viele Menschen mehr Sicherheit, Harmonie und Stabilität in ihr Leben. Speziell durch das Vorauswissen von möglichen Hoch- und Tiefphasen können Sie sich bewußt auf förderliche Perioden einstellen und an schwachen Tagen vorsichtiger taktieren. So gesehen gibt es keine bessere Zukunftsplanung.

Landsberg, im Frühjahr 1998
Walter A. Appel

Biorhythmus – eine echte Lebenshilfe: Nutzen Sie das neue Erfolgsgeheimnis

Die Biorhythmik will keine Geheimwissenschaft sein; jeder ist in der Lage, die Brauchbarkeit und den Nutzen biorhythmischer Aussagen an sich selbst oder anderen zu überprüfen. Dies geschieht am besten durch eine rechnerische Kontrolle des Rhythmenstandes anläßlich herausragender Lebensereignisse positiver oder negativer Art, die durch innere Einflüsse ausgelöst worden sind. Es können außergewöhnliche Erfolge, plötzliche Erkrankungen oder Genesungen, selbstverschuldete Unfälle und rätselhafte Selbstmordversuche sein, aber auch Entstehen oder Scheitern von partnerschaftlichen Bindungen.

Werden bei solchen Ereignissen auffallende Zusammenhänge zwischen dem äußeren Geschehen und der jeweiligen Rhythmenlage festgestellt, so empfiehlt sich eine weitere Beobachtung, vor allem aber die Beachtung der inneren Schwingungen mit dem Ziel, die Lebensführung in positivem Sinne zu beeinflussen.

Allgemein gilt

> Die biorhythmische Praxis, insbesondere das Vorausberechnen mutmaßlicher Schwankungen der Leistungsbereitschaft und -fähigkeit, und ein angepaßtes Handeln stellen eine hervorragende Lebenshilfe dar.

Zu einer richtigen Beurteilung der Biorhythmik gehört immer auch die Berücksichtigung ihres Stellenwertes im Gesamtgeschehen. Äußere, individuell unterschiedlich stark wirkende Einflüsse, Veranlagung, Vererbung, Alter und Beruf spielen in der Lebenswirklichkeit eine wichtige Rolle, die nicht unterschätzt werden darf.

Wer aber den rhythmischen Wechsel der biologisch bedingten Hoch- und Tiefphasen und seine periodischen, kritischen Tage kennt und richtig wertet, engt den Spielraum zufälligen Geschehens ein und wird Harmonie, Glück und Erfolg im Leben finden. Sein Wissen um die Tagestendenzen nimmt ihm die Befangenheit und gibt ihm Sicherheit für die Gestaltung seines Schicksals.

Das sei das Ziel unserer Betrachtung über die Biorhythmik, die mit der einfachen, überzeugenden Lebensweisheit des großen deutschen Philosophen *Arthur Schopenhauer* ausklingen mag:

»Der Wechsel allein ist das Beständige. Der Kluge ist der, welchen scheinbare Stabilität nicht täuscht und der noch dazu die Richtung, welche der Wechsel zunächst einnehmen wird, vorhersieht!«

Ein uraltes menschliches Verlangen: Der Blick in die ungewisse Zukunft

»Von jeher gilt Vor-sorge aus Vor-sicht als unabdingbarer Bestandteil vernünftiger Lebensführung.«
Prof. Dr. Dr. Helmut Swoboda

Nicht nur Neugier, Unsicherheit und Sorgen sind es, die uns geneigt machen, in die Zukunft zu blicken, sondern der verständliche Wunsch nach mehr Schutz, Sicherheit und Kontrolle. Durch die Kenntnis der zukünftigen Entwicklung möchten wir alle das »Unternehmen Leben« besser in den Griff bekommen.

Viele Entscheidungen in der Gegenwart fordern den Blick in die Zukunft.

Sie werden es nicht glauben, aber Tatsache ist, daß jeder sein eigener Prophet ist, ja sogar sein muß. Wir alle sind ständig – mitunter uns ganz unbewußt – genötigt, Handeln und Unterlassen so einzurichten, daß es der wahrscheinlich eintretenden Entwicklung der Dinge gerecht wird, daß es dem auf uns Zukommenden entspricht. Wir müssen immer erneut »in die Zukunft schauen«, um in der Gegenwart Entscheidungen zu treffen, die erforderlich sind.

Wir denken in diesem Zusammenhang beispielsweise:

- an das strebsame Schulkind, das sich sorgsam auf eine Prüfung vorbereitet,
- an den umschwärmten Teenager, der sich zwischen zwei Verehrern und möglichen Lebensgefährten entscheiden muß,

Beispiele für vorausschauende Planung

- an den pflichteifrigen Studenten, der seine Arbeit auf das später abzulegende Examen ausrichtet,
- an die besorgte werdende Mutter, die neues Leben unter dem Herzen trägt und sich Monate vorher auf die Mutterschaft einstellt,
- an den erfahrenen Arzt, der den Krankheitsverlauf prognostiziert und den Einsatz der Heilmittel abwägt,
- an den verantwortlichen Finanzpolitiker, der das wirtschaftliche Wachstum zu bewerten hat,
- an den cleveren Kaufmann, der Verträge schließt und Termine bestätigen muß,
- an den rührigen Börsenmakler, der seine Kunden über günstige Kaufgelegenheiten informiert,
- an den kundigen Verleger, der abschätzen muß, was seine Leserschaft voraussichtlich kaufen wird,
- an den erfahrenen Modedesigner, der Monate voraus die Entwicklung des Marktes abzuschätzen hat,
- an den verwitweten Rentner, der seinen Lebensabend einrichten muß,
- an die streßgeplagte Sekretärin, die schon im Sommer ihren Winterurlaub in allen Einzelheiten zu planen weiß,
- an den geprüften Meteorologen, der die Meßdaten der Wetterstationen auswertet und eine mehrtägige Prognose erstellt,
- an den fleißigen Gärtner, der vor einem Kälteeinbruch seine Pflanzen schützen muß.

Der Blick auf das Kommende ist in vielen Fällen Alltagsroutine.

Vieles an diesen Tätigkeiten ist Alltagsroutine, und es ist nicht verwunderlich, daß den Menschen dies Blicken auf das Kommende ganz selbstverständlich geworden ist. Wer denkt schon an die Fülle von Wahrscheinlichkeitsberechnungen, die er innerhalb weniger Augenblicke anstellen muß, wenn er mit seinem Auto einen anderen Verkehrsteilnehmer überholen will und einige hundert Meter voraus ein Fahrzeug entgegenkommt?

Wir leben in einer Welt der **Voraussagen**; sie sind ein wesentlicher Teil der Aktivitäten, die unsere Existenz ausmachen. Zwar gibt uns die moderne Zivilisation zahlreiche Verfahren in die Hand, mit deren Hilfe wir zutreffende Erkenntnissen erhalten, doch werden wir auch immer wieder zu der Einsicht in die Grenzen unserer Möglichkeiten genötigt. Wir wünschen uns Erfolg, möchten Gewißheit bei unserem Blick in die Zukunft, wollen unser Leben und den Ablauf der Ereignisse immer besser unter Kontrolle bringen und erleben stets neue Enttäuschungen; wenn wir glauben, die Dinge fest im Griff zu haben, werden wir von »unglücklichen Umständen« überrascht, die wir nicht »vorhergesehen« haben und die alles Erreichte in Frage stellen. Besonders die aktiven Menschen, die Starken und zum Leben positiv Eingestellten, sind unablässig bemüht, private oder berufliche Schwierigkeiten weitblickend zu überwinden; sie verwenden viel Mühe darauf, ihre Probleme optimal zu lösen.

Voraussagen sind ein wesentlicher Teil unserer Existenz.

Und auch ihnen stellen sich urplötzlich, scheinbar unerklärlich, immer wieder neue Hindernisse in den Weg. Manch einer wird dann mutlos und niedergeschlagen, wirkt nervös und ist versucht, aufzugeben. Es fehlt ihm an innerer Kraft, die Probleme mutig anzupacken und die Hemmnisse zu überwinden. Er glaubt an den »Zufall« und hält nach Enttäuschungen zu gern Erfolg oder Mißerfolg für unberechenbar, für unabwendbares Schicksal.

Obwohl jeder von uns über eine Fülle von Fertigkeiten, Einsichten und Erfahrungen verfügt, die ihn in die Lage versetzen würden, der Schwierigkeiten Herr zu werden, vermag mancher sie nicht richtig einzusetzen und nutzbringend zu verwerten, weil ihm Informationen über wichtige innere Einflüsse fehlen und sein Tun so gar nicht mit seinem eigenen, inneren Rhythmus in Einklang steht! Das muß nicht so bleiben! Sie sollten von der Möglichkeit Gebrauch machen, eine praktisch sofort anwendbare Lebenshilfe kennenzulernen, die es erlaubt, Probleme richtig anzugehen – vorwiegend zum richtigen Zeitpunkt. Vor allem gilt es eben, vorausschauend die mutmaßlichen Zeiten des Erfolgs zu erkennen und nutzloses Bemühen zur ungünstigen Zeit auszuschalten. Wer so

Die Biorhythmik ist eine praktische, sofort anwendbare Lebenshilfe.

vorgeht, hat den Schlüssel zum Erfolg, zu echtem Glück und wahrer Harmonie in der Hand: Biorhythmus.

»Es gibt gute und schlechte Tage – also, was soll's!«

Mit dieser Einstellung leben die siamesischen Zwillinge Lore und Reba Schappell, die seit ihrer Geburt (1961) am Kopf zusammengewachsen sind und in gegensätzliche Richtung schauen. Sie meistern furchtlos ihr schwieriges Leben und tragen ihr Schicksal vorbildlich mit Optimismus und erstaunlicher Kraft.

Beachten Sie

> Gute und schlechte Tage entstehen durch die innere Einstellung, die positiv oder negativ sein kann.

Beispiel

— Früh am Morgen wachen Sie auf und fühlen sich wie ein junger Gott; frisch, fröhlich und unbekümmert gehen Sie an die Arbeit, und Ihre Unternehmungslust ist nicht zu bremsen. Sie sehen die Welt mit der rosaroten Brille des Optimisten und stecken mit Ihrer guten Stimmung die Menschen Ihrer Umgebung an. Unvorstellbar, daß irgend etwas Sie aus der Fassung bringen könnte!

— Zwei Tage später ein völlig anderes Bild! Nach unruhiger Nacht und schlechtem Schlaf sind Sie schon morgens müde und abgespannt. Alles erscheint Ihnen Grau in Grau, der tägliche Trott widert Sie an. Sie fühlen sich krank, obwohl Sie kein Fieber haben und ein definierbarer Schmerz nicht angegeben werden kann. Ihre Stimmung ist auf dem Nullpunkt, mühsam erledigen Sie Ihr Arbeitspensum.

— Oder eine andere Situation: Sie fühlen sich wie an »normalen« Tagen und sind mit Ihrem Auto unterwegs. Plötzlich hat ein Fahrer in der vor Ihnen fahrenden Kolonne scharf gebremst! Ihr Vordermann reagiert noch schnell genug, doch Sie können den Auffahrunfall nicht mehr vermeiden. Irgendwie haben Sie offenbar »geschlafen«. Sie haben zu spät das Geschehen vor ihnen erfaßt und finden für Ihr unkonzentriertes Fahren keine Erklärung.

- Mit Ihrem Partner verstehen Sie sich ausgezeichnet. Seit Jahren leben Sie in Harmonie miteinander. Eines Tages aber gibt es wegen einer Kleinigkeit Krach. Ein Wort gibt das andere. Sie möchten am liebsten aus der Haut fahren und gehen verärgert weg. Es vergehen Stunden, bis Sie innerlich wieder zur Ruhe kommen, Einsicht zeigen und die Versöhnung herbeiführen.

Die geschilderten Beispiele lassen sich gewiß beliebig fortsetzen. Daß es ausgesprochene Pechtage im Leben gibt, wissen wir alle aus meist schlechter Erfahrung und erleben es immer wieder, daß Stimmung, Wohlbefinden und Leistungsvermögen ständigen Schwankungen unterliegen. Was wir aber meist nicht wissen, ist die Antwort auf die Frage, ob Glück oder Unglück, Tatkraft zum guten Vollbringen oder Gehemmtsein, ob alle diese Schwankungen an ganz bestimmte Tage gebunden sind und welch geheimnisvoller Steuerungsmechanismus hinter diesen Erscheinungen verborgen ist. Sind es lediglich Einbildungen, denen wir zum Opfer fallen, oder gibt es tatsächlich so etwas wie eine unsichtbare Macht, die so viele unangenehme Situationen herbeiführt?

> Stimmung, Wohlbefinden und Leistungsvermögen unterliegen ständigen Schwankungen.

Viele Menschen glauben an eine Abhängigkeit vom Wetter, manche machen die Sterne für ihr Unglück verantwortlich, andere wiederum vermuten, daß alles nur Zufälligkeiten sind. Offene Fragen, auf die die Biorhythmik jedoch Antworten gibt! Die Lehren der Biorhythmik lassen uns einen Blick hinter die Kulissen des anscheinend so Geheimnisvollen tun: in die wunderbare Welt unseres eigenen Körpers, dessen Funktionieren an Rhythmen gebunden ist und so unsere »guten« und »bösen« Tage maßgebend mitbestimmt.

Wichtig

Jeder Lebensablauf vollzieht sich nach ganz bestimmten biorhythmischen Zeitmustern; werden sie nicht beachtet, kann es zu Fehlleistungen, Mißverständnissen, Aggressionen und Enttäuschungen kommen.

Es sollte eigentlich ganz einfach sein, den Menschen diesen Zusammenhang verständlich zu machen, damit sie durch ihr Wissen um ihr eigenes Ich ihre Tage zufriedenstellend gestalten lernen und Unglück vermeiden können. Biorhythmik setzt verborgene Kräfte frei und liefert Erklärungen für das oft rätselhafte eigene Verhalten (oder das unserer Mitmenschen). Wir erhalten Aufschluß über die Ursachen der Schwankungen unserer Leistungsfähigkeit und erfahren einiges über Art, Dauer und Wirkungsstärke der Lebensrhythmen, die Erfolge oder Mißlingen auslösen können.

Wie ein Barometer zeigen die biorhythmischen Kurven positive und negative Tendenzen an.

Die **biorhythmischen Kurven**, deren Rhythmogramme in diesem Buch vorgestellt werden, zeigen starke und schwache Tage, positive und negative Tendenzen an – wie ein Barometer, das die Veränderungen des Luftdrucks erkennen läßt und so schönes oder schlechtes Wetter prophezeit. Wie beim Wetterbericht hat jeder die Möglichkeit, sich auf die Anzeigen im voraus einzustellen. Den bei angesagtem Regen erforderlichen Regenschirm muß man freilich selbst mitnehmen!

Das Gesetz von Polarität und Wiederkehr: Ein Begriff erobert die Welt

»Jedes Lied hat seinen Rhythmus und Takt.«
Ludwig Klages (1872–1956)

Geschichte der Biorhythmik

Vor Jahrzehnten war das Wort **Biorhythmik** (Lebensrhythmik) nur einigen Eingeweihten bekannt und verständlich. In keinem Lexikon konnte man nähere Auskunft über Inhalt und Bedeutung dieser Lehre erhalten, die sich der Abhängigkeit des Menschen von periodischen Schwankungen im Innern seines Organismus widmet.

Seit Jahren jedoch vollzieht sich weltweit eine Entwicklung, die beinahe revolutionäre Ausmaße angenommen hat: Das Wissen um biorhythmische Zusammenhänge gewinnt rasch an Raum und dringt zusehends in das Bewußtsein der Allgemeinheit ein, zumal auch Presse, Rundfunk und Fernsehen das Thema aufgegriffen und wiederholt über Ergebnisse der Forschung auf diesem neuen Gebiet, über Erfahrungen und Möglichkeiten der Anwendung berichtet haben.

In vielen Ländern der Erde befassen sich namhafte Wissenschaftler mit der Erfassung der Phänomene, die die Existenz menschlicher Biorhythmen beweisen, und versuchen, Deutungen zu geben; vor allem wird überall an der Erforschung von praktikablen Anwendungen gearbeitet. Auch in Europa ist die Zeit nicht mehr fern, in der die Lehren der Biorhyth-

> Die Biorhythmik erforscht die Abhängigkeit des Menschen von periodischen Schwankungen in seinem Organismus.

mik die Aussagen anderer Prognose- und Zeitplanungstechniken überflügeln werden.

Erstmalig tauchte der Name Biorhythmik vor etwa 70 Jahren auf; er wurde im Zusammenhang mit Veröffentlichungen auf dem Gebiet der sogenannten Periodenlehre geprägt, der Lehre von den Schwankungen der Psyche, der körperlichen und geistigen Leistungsbereitschaft und der Krankheitsanfälligkeit bei Menschen. Als Buchtitel oder Firmenname fand er bald weltweite Verbreitung in der Fach- wie auch in der Umgangssprache.

Was versteht man unter Biorhythmik?

Wie so häufig in der Erfahrungswissenschaft ist auch hier eine exakte Definition recht schwierig, da weder der ganze Umfang noch die Grenzen zu benachbarten Begriffen allgemeingültig geklärt sind. So begnügen sich die meisten Veröffentlichungen mit einer für die jeweiligen Zwecke ausreichenden Inhaltsdefinition; in diesem Sinne wollen auch wir für unsere Untersuchungen und Ratschläge eine Festlegung treffen und dabei eine allgemein gehaltene sowie eine speziell die zyklischen Vorgänge im Menschen erfassende Begriffserläuterung anbieten:

Definition

Weit gefaßt versteht man unter Biorhythmik alle Erscheinungen und Zusammenhänge zwischen dem Leben (gr. bios) und der Rhythmik (= einem in gleichem Zeitmaß ablaufenden Geschehen).

In der Biologie wird der Begriff »Rhythmik, Biorhythmik, Periodik« wie folgt erklärt:

»Bei vielen Lebensäußerungen von Eukaryoten (Organismen mit echtem Zellkern) auftretende typische rhythmische

Der Wechsel der Gezeiten zählt zu den langzeitigen Rhythmen.

Schwankungen, deren Periodendauer wenige Sekunden bis zu einem Jahr umfassen kann. Während kurzzeitige Rhythmen rein endogen gesteuert sind (z.B. Herzschlag, Herzsteuerung), beruhen die langzeitigen Rhythmen (Tages-, Gezeiten-, Lunar-, Jahresrhythmus) darauf, daß äußere Zeitgeber (z.B. Tag-Nacht-Wechsel, Gezeitenwechsel, Mondphasenwechsel, Drehung der Erde) genetisch festgelegte endogene Rhythmen synchronisieren, die dem physiologischen Mechanismus einer inneren Uhr unterliegen.«

Man unterscheidet kurzzeitige und langzeitige Rhythmen.

Um es mit *Dr. H. Paul* einfacher zu formulieren:
»Unter Biorhythmik versteht man »eine periodische Wiederkehr von bestimmten Funktionsabläufen im Organismus, die unabhängig von Leistungen oder sonstigen Belastungen in praktisch gleichen Zeitabständen – also nahezu gesetzmäßig – erwartet werden kann«.

Diese allgemeine Definition ist in den letzten Jahren für eine wissenschaftliche Auswertung zu umfangreich und damit unhandlich geworden, denn es werden hier Einflüsse auf Pflanzen, Tiere und Menschen einbezogen. Man hat daher Teilbereiche geschaffen. So wird im besonderen der Name Biorhythmik benützt, um damit Vorgänge zu erfassen, die in Beziehung zu menschlichen Mehrtages-Rhythmen stehen und unbewußt unsere körperlichen – seelischen – geistigen – feinsinnigen Leistungsschwankungen regulieren.

Grundlage dafür sind die Basisrhythmen von 23, 28, sowie die Zusatzrhythmen von 33 und 38 Tagen Dauer, also zyklische Vorgänge, die über die Zeitdauer eines 24-Stunden-Tages hinausgehen.

Wichtig

In diesem Zusammenhang muß dringend darauf verwiesen werden, den beeinflußbaren Rhythmus nicht mit dem regelmäßigen, starren Takt zu verwechseln:
- **Rhythmus** = Wiederkehr von Ähnlichem in ähnlichen Abständen, dynamische Erneuerung
- **Takt** = Wiederholung von Gleichem in gleichen Abständen, mechanisches Gleichmaß

Der Unterschied läßt sich auch durch folgende Begriffspaare aufzeigen: Handarbeit–Fabrikherstellung, frei gezogener Strich–Linealstrich, Fluß–Kanal, kalendarischer Frühlingsbeginn–klimatischer Frühlingsanfang. Sie können beispielsweise den Rhythmus Ihres Herzschlages sofort verändern, wenn Sie rasch 20 Kniebeugen machen. Doch wird sich dieser in Ruhestellung später wieder auf die normale Frequenz einpendeln.

Welche Ziele verfolgt die Biorhythmik?

Biorhythmik ist eine Erfahrungswissenschaft.

Die Biorhythmik gilt als **Erfahrungswissenschaft**, die sich mit dem Auf und Ab unserer Lebensenergien befaßt. Ihr Ziel ist es, die gewonnenen Erkenntnisse für eine Verbesserung der Lebensumstände des Einzelnen verwenden zu können. Die Biorhythmik will Ihre persönlichen Hochs und Tiefs erkennbar machen, sie will Ihnen helfen, sich auf vorhersehbare Krisensituationen einzustellen und so das Beste aus einer gegebenen Lage zu machen. Die Bedeutung der Biorhythmik liegt also in ihrer Anwendbarkeit in der Praxis; sie macht uns fähig, mögliche Verhaltens- und Reaktionsweisen in unsere Überlegungen einzubeziehen und uns auf Widerstände gefaßt zu machen.

Da die Biorhythmik viele Berührungs- und Verknüpfungspunkte mit anderen Wissenschaften wie Biologie, Medizin, Psychologie, Psychiatrie, Soziologie, Kriminologie, Philosophie, Theologie hat und sich mathematischer Verfahren bedient, ist es schwer, sie einem bestimmten Fachbereich zuzuordnen. In den Vereinigten Staaten findet man Veröffentlichungen zu unserem Thema am ehesten dort, wo in den Buchhandlungen Bücher mit Anregungen zur Selbsthilfe (Selfhelp) angeboten werden.

Die Biorhythmik berührt viele andere Wissenschaftsdisziplinen.

Damit wird deutlich, daß Gesunderhaltung, Lebensgestaltung, Selbsterkenntnis, Erfolgssteigerung und Verbesserung der Lebensqualität die praktischen Ergebnisse der Auseinandersetzung mit den Grundsätzen der Biorhythmik sind. Und in der Tat sollen die Informationen dieses neuen Zweiges der Wissenschaft es jedem möglich machen, den richtigen Weg zu einem erfolgreichen und erfüllten Leben zu finden, vor allem aber auch, diesen Weg zu der richtigen Zeit zu beschreiten.

Beachten Sie

Es besteht kein Anlaß zu einem blindgläubigen Optimismus! Die Biorhythmik gibt wertvolle Hinweise, doch geht es nicht ohne eigenes Bemühen, ohne Eigeninitiative. Das Wort »Hilf Dir selbst, so hilft Dir Gott« bleibt auch für den, der nach den Gesetzmäßigkeiten seiner inneren Uhr zu leben trachtet, unumstößliche Wahrheit.

Die Biorhythmik kann keine Ereignisse vorhersagen, aber Empfehlungen geben, wie man sich an bestimmten Tagen verhalten sollte.

Die Biorhythmik hat keine Vorhersagen über ein Schicksal, das unabänderlich waltet, zum Gegenstand, und sie hat nicht das Geringste mit einer zweifelhaften Wahrsagerei zu tun. Sie kann auch keine exakten Vorherbestimmungen von Ereignissen im Leben eines Menschen bewirken – was übrigens für alle Menschen unerträgliche Belastungen mit sich bringen würde. Sie macht Schluß mit der falschen Prophetie und räumt mit dem verwerflichen Aberglauben auf; sie verbindet die Lehren der modernen Biologie mit exakten mathematischen Verfahren und erlaubt uns damit eine sinnvolle Lebensplanung. Die Biorhythmik verschafft uns Gewißheit über mögliche Tendenzen an bestimmten Tagen. Damit gibt sie Empfehlungen, wie sich der Einzelne bei deutlich erkennbaren Rhythmenkonstellationen richtig verhalten sollte, um in der Gegenwart zu bestehen und die Zukunft zu sichern.

Rhythmen steuern unser Leben

Ohne Rhythmus gibt es kein Leben. Wer es nicht glauben will, der möge versuchen, jenen Rhythmus willkürlich zu ändern, den wir Atmung nennen. Der Mensch atmet etwa 18mal in der Minute; er kann nach bewußt angelegtem dreimaligem tiefem Ein- und Ausatmen etwa 40 bis 50 Sekunden mit dem Atmen aussetzen, ohne nachhaltige Schädigungen seines Organismus herbeizuführen. Denn mit dem Atemholen sind weitere rhythmisch arbeitende Systeme des Körpers in Gang zu halten, so beispielsweise der Rhythmus des Herzschlags, der sich im Pulsschlag äußert. Der Herzrhythmus steht zum Rhythmus der Atmung in einem Verhältnis von 4:1, das heißt, auf vier Pulsschläge kommt normalerweise ein Atemzug. Herzrhythmusstörungen sind Anzeichen von Erkrankungen; wird der gleichmäßige Schlag unseres Herzens auch nur für kurze Zeit unterbrochen und kommt zum Stillstand, tritt unweigerlich der Tod ein.

Wer den natürlichen Schlafrhythmus für längere Zeit unterbricht, riskiert schwere Störungen.

Ein anderer, jedem Menschen bekannter Rhythmus ist der des Schlafens oder Wachseins. Wir alle leben von der Geburt an in diesen beiden Zuständen, deren Folge man nur kurzzeitig unterbrechen kann, ohne Schaden zu erleiden. Wer da meint, mehrere Tage ohne Schlaf auskommen zu können, riskiert

schwere Störungen seines Befindens; die resultierenden Beeinträchtigungen führen auch bei dieser Unterbrechung des
naturgegebenen Rhythmus schließlich zum Tod.

Beachten Sie

> Der Instinkt für das Vorhandensein der dem Menschen ei-
> gentümlichen inneren Rhythmen ist uns, die wir in einer
> »modernen«, weitgehend durch unseren Eingriff verän-
> derten Umwelt leben, in hohem Maße abhanden gekom-
> men; aber das ändert nichts an der Tatsache, daß wir nach
> wie vor nach diesen Rhythmen leben.

Seit Jahrtausenden lebt die Menschheit, je nach dem Grade
ihrer Zivilisationsstufe, in mehr oder weniger engem Kontakt
mit der Natur und ihren Zyklen. Während die Menschen der
westlichen Welt derartige Dinge weitgehend verdrängt
haben, nehmen »primitive Völker« die Rhythmen der umge-
benden Natur noch viel bewußter auf. Dort bestimmt der
markante Wechsel der Jahreszeiten und das tägliche Auf und
Unter der Sonne den Rhythmus des Lebens und der Arbeit;
nach ihnen richten sich die Menschen bei ihren Festen der
Freude oder der Trauer, bei überschäumender Fröhlichkeit
wie bei innerer Besinnung.

Der zivilisierte Mensch lebt weitgehend losgelöst von den natürlichen Rhythmen.

Unsere moderne Welt dagegen hat uns von der Natur losgelöst; in vollklimatisierten Wohnungen verlieren wir das Ge-
fühl für die Jahreszeiten, mit künstlichem Licht machen wir
die Nacht zum Tage, wir konsumieren Freizeit, wenn wir arbeiten sollten, und die Möglichkeiten des Tourismus versetzen uns an die Gestade ewigen Frühlings, während unser Organismus sich im Winter wähnt. Wir planen und verfügen
über unseren Körper bei der Arbeit und der Ruhe, bei Hoch-
leistung und Erholung, willkürlich und nach künstlichen
Programmen und stehen dabei nur zu oft im Widerspruch
zum angeborenen Zeitempfinden und zu den Körperrhythmen.

Wen wundert es da, wenn sich der menschliche Organismus dagegen wehrt, wenn der Kreislauf aus dem Tritt gerät, wenn Körperzellen entarten, wenn Körper, Geist und Seele in Verwirrung gelangen? Ohne das reibungslose Zusammenspiel der über hundert verschiedenen Körperrhythmen kann das »System Mensch« nicht funktionieren, entbehren wir der wichtigsten Grundlage für die täglichen Anreize, die wir als Wachsein, Schlafbedürfnis, Hunger, Durst, Arbeitseifer oder Sexualtrieb registrieren.

Das Zusammenspiel der Körperrhythmen läßt das »System Mensch« funktionieren.

Einfluß der Körperrhythmen

In ihrer zeitlichen Folge unterscheiden sich die Körperrhythmen sehr stark voneinander. Manche periodischen Veränderungen finden tausendmal in der Sekunde statt, andere treten nur jede Sekunde, Minute oder Stunde auf. Einige Rhythmen haben die Länge eines Tages (24 Stunden), dann gibt es noch Wochen-, Monats- und Jahresrhythmen. Obwohl das Vorhandensein dieser regelmäßig wiederkehrenden Schwankungen nicht mehr angezweifelt werden kann und viele Rhythmen, beispielsweise der Hirnströme, exakt meßbar sind, fehlt es bis heute an einer Erklärung dafür, wie die Synchronisation dieser Veränderungen erfolgt, wie sie aufeinander abgestimmt werden und welche Kraft steuernd und ordnend auf sie einwirkt. Nur darüber besteht Übereinstimmung in den Auffassungen:

Wichtig

> Wirken die Rhythmen harmonisch zusammen, ist der Mensch gesund. Bestehen Störungen in diesem Zusammenspiel, wird der Mensch über kurz oder lang krank.

Die Rhythmen und ihr Zusammenwirken sind ihrem Ursprung nach ererbt, angelernt oder – wie manche Forscher annehmen – Reaktionen auf Umwelt- und kosmische Reize.

Manche Rhythmen scheinen durch äußere Reize, andere durch innere Signale angeregt zu werden.

Beweise für die recht unterschiedlichen Auffassungen stehen noch aus, vielleicht lassen sich im Zuge weiterer Forschungen diese Auffassungen in Einklang miteinander bringen. Gesichert erscheint die Erkenntnis, daß einige Rhythmen durch äußere Signale (z.B. Hell-Dunkel-Reize), andere dagegen durch interne Vorgänge angeregt werden.

Wie wichtig es ist, auf diesem Gebiet zu forschen und neue Einsichten zu gewinnen, hat man schon vor Jahren erkannt. So wurde im Jahre 1937 in Schweden eine international tätige Gesellschaft zum Studium der biologischen Rhythmen gegründet. Sie hat inzwischen Mitarbeiter auf der ganzen Welt gefunden. Diese weltweite Zusammenarbeit in der neuen wissenschaftlichen Disziplin soll es ermöglichen, die Fülle der Beobachtungen und Untersuchungen zu sichten, zu werten und zu verwenden.

Interkontinentalflüge bringen das Zeitgefühl durcheinander und stören die Körperrhythmen.

Nachdem die technische Entwicklung den Menschen befähigte, im Flugzeug binnen weniger Stunden große Entfernungen zurückzulegen und so recht drastisch »Zeitverschiebungen« bei Ost-West- oder West-Ost-Flügen zu erleben, konnten bemerkenswerte Auswirkungen der Störungen des Zeitgefühls auf die Körperrhythmen beobachtet werden. Gewisse Ähnlichkeiten mit den Ausfallerscheinungen nach Alkoholexzessen (»Katerstimmung«) sind unverkennbar. Piloten der verschiedenen Fluggesellschaften beschrieben die Zustände als langsam fortschreitende Prozesse mit Kopfschmerzen, Magen-Darm-Beschwerden, Appetitmangel, Kurzatmigkeit. Sie klagten über Schweißausbrüche und brennende Augen. Auch Stewardessen erlebten derartige Rhythmusstörungen; bei ihnen stellten sich zudem Unregelmäßigkeiten der Menstruation ein. Mitunter vergehen Tage, bis der Normalzustand wiederhergestellt ist und die verschiedenen Rhythmen sich wieder eingependelt haben.

Zur Zeit läuft ein hochinteressantes Experiment, bei dem die Universitäten von Chicago und Brüssel zusammenarbeiten. Es werden Versuchspersonen bei und nach Flügen über den

Nordatlantik beobachtet, um die Auswirkungen der Zeitunterschiede auf
den Stoffwechsel zu studieren. Temperatur, Herztätigkeit und Blutdruck sind
einige der Körperfunktionen, die sorgfältig registriert und untersucht werden.

Der Leiter des Experiments, *Dr. Samuel
Refetoff*, konnte als erstes Zwischener-
gebnis bekanntgeben, daß es nach
einem Non-Stop-Flug von Brüssel
nach Chicago rund 10 Tage dauert, bis
sich die Ausschüttung von Kortison
wieder auf die tägliche Normaldosis
eingestellt hat und der Zyklus wie vor
dem Flug verläuft. Dieses Hormon der Nebennierenrinde versetzt den Menschen unter anderem in die Lage, Streßsituatio-
nen zu meistern. Ignoriert der Mensch die Erfahrungstatsa-
che, daß sich bei derartigen Flugreisen die normale
Leistungsfähigkeit erst nach einer Zeit der Anpassung einstellt, muß mit vermehrten Fehlleistungen und Mißerfolgen
gerechnet werden.

*Nach einem län-
geren Flug dauert
es einige Tage, bis
sich die volle Lei-
stungsfähigkeit
wieder einstellt.*

Beachten Sie

Einige große Firmen haben diesen Erscheinungen des »Jet-
zeitalters« bereits Rechnung getragen. So sind zum Beispiel Angestellte der amerikanischen Firma IBM angehal-
ten, nach Flügen über mehrere Zeitzonen oder von 10 bis
15 Stunden Dauer am Tage der Ankunft keinerlei Ge-
schäftsabschlüsse vorzunehmen und nach Möglichkeit
eine Ruhepause einzulegen.

5
KAPITEL

Biorhythmik: Wissenschaft, Glaube oder Aberglaube?

Die oft gestellte Frage nach der Qualifikation der Biorhythmik als Wissenschaft ist berechtigt und mit einem Satz nicht zu beantworten. Ohnehin ist es mitunter schwierig, die Grenzen zwischen Wissenschaft, Glaube und Aberglaube exakt zu ziehen, zumal wenn die Dinge im Fluß sind und persönliche Auffassungen hereinspielen. Was dem einen als Glaubenssache erscheint, hält ein anderer für Aberglauben und umgekehrt. Eine Instanz, die in diesen Fragen ein allgemein anerkanntes Urteil zu fällen vermag, gibt es leider nicht.

Ist die Biorhythmik eine Wissenschaft?

Das Wissen der Biorhythmik-Lehre ist nachprüfbar.

Nach einer Definition des großen deutschen Philosophen *Immanuel Kant* ist Wissenschaft eine Lehre, die ein nach Prinzipien geordnetes Ganzes als Erkenntnis darstellt. Für die Biorhythmik-Lehre trifft dies zu. Ihr Wissen ist nachprüfbar, sie gibt Bedingungen an, die nicht widerlegt werden können. Die biorhythmischen Erscheinungen sind objektiv kontrollierbar und nach mathematisch-naturwissenschaftlichen Methoden zu beweisen. Wo Berechnungen erforderlich sind und durchgeführt werden, erfolgen sie wissenschaftlich einwandfrei, das heißt nicht zuletzt auch rechnerisch richtig.

Die Deutung der Ergebnisse allerdings basiert überwiegend noch auf Erfahrungswissen; für Kritiker sind damit schon Ansatzpunkte gegeben. Trotzdem ist die Biorhythmik zweifelsfrei eine Wissenschaft; als solche hat sie in den letzten Jahren an mehreren Universitäten Beachtung gefunden.

Nicht zu vermeiden ist aber auch, daß clevere Geschäftemacher unter dem Namen Biorhythmik frei erfundene Ansichten und Ratschläge verkaufen – ein Vorgang, der in unserer Gesellschaft auch auf anderen Gebieten zu beobachten ist. Durch eine derartige unwissenschaftliche Auslegung und Anwendung wird sicherlich der Klassifizierung der Lehre als Aberglauben Vorschub geleistet. Wenn Biorhythmik zum Beispiel in Zeitungen wie ein Tageshoroskop angeboten wird oder ein Bahnhofsautomat biorhythmische Zukunftsdeutungen verkauft, dann hat das bestimmt nichts mit Wissenschaft zu tun. Es sind das bedauerliche, aber wohl unvermeidbare Entgleisungen des Profitstrebens.

> Unter dem Namen Biorythmik verkaufen clevere Geschäftemacher frei erfundene Ratschläge.

Biorhythmik und Astrologie

In diesem Zusammenhang interessiert auch die Frage, ob die Biorhythmik etwas mit Astrologie zu tun hat. Der Verdacht liegt nahe, weil diese beiden Vorhersagetechniken eines gemeinsam haben: Für die erforderlichen Berechnungen wird unbedingt die Angabe des Geburtstages der Person, die beraten werden soll, benötigt. So wirft denn der Laie leicht die Biorhythmik und die Astrologie in einen Topf. Aber das eine hat mit dem anderen nicht das Geringste zu tun.

Wichtig

- Die Biorhythmik untersucht die Zusammenhänge zwischen einem inneren, körpereigenen Rhythmus und den entsprechenden Verhaltensweisen. Sie versucht, die »innere« Uhr des Menschen zu erkennen.
- Die Astrologie geht davon aus, daß von außen, von Sternenkonstellationen ausgehende Einflüsse das Schicksal der Menschen maßgebend gestalten. Sie gibt vor, die Sprache der Planeten zu enthüllen.

Die Biorhythmik verarbeitet einsichtige, nüchterne Tatsachenerkenntnisse und stellt sich jeder ernsthaften Diskussion. *Professor Kichinosuke Tatai*, ein Experte für psychosomatische Medizin und menschliche Verhaltensforschung, sieht in der Erforschung der biologischen Zyklen und der Biorhythmik eine Wissenschaft, die er durch einen Verbund von Biologie, Psychologie und Ethik zu einer Neobiorhythmik ausgebaut wissen möchte.

Die Aussagen der Astrologie beruhen auf Annahmen.

Die Astrologie stützt ihre unklaren Aussagen auf eine Theorie, die weder bewiesen noch verworfen werden kann, weil sie auf reinen Annahmen beruht. Der Astronom *Professor Dr. Bruno Thüring* hat klar herausgestellt, daß die Astrologie unter gar keinen Umständen als Wissenschaft bezeichnet werden könne. Wörtlich sagte er: »Dem einen mag sie eine interessante und ihn beruhigende Methode zur Regelung seiner täglichen Geschäfte sein, dem anderen vielleicht sogar Religion oder Religionsersatz, Glaube oder Aberglaube. Mit einem aber hat sie sicher nichts zu tun, mit wissenschaftlicher Erkenntnis und Wahrheit.«

Teilt man die Menschen in drei Gruppen ein, kann man sofort abschätzen, wer für eine Anwendung von Ideen der Biorhythmik in Frage kommt. Es gibt:

Für wen kommt die Biorhythmik in Frage?

- leichtgläubige Menschen, die dem Aberglauben zuneigen und jedes gedruckte oder geschriebene Wort als bare Münze nehmen
- mißtrauische, starr auf einmal gebildete Meinungen festgelegte Menschen, die sich so gut wie nie von neuen Einsichten überzeugen lassen
- kritische und urteilsfähige Menschen, die eine Sache selbst zunächst sorgfältig prüfen, ohne sich dabei von Vorurteilen leiten zu lassen

Es leuchtet ein, daß Menschen der letzten Gruppe sich auch die Lehren und Möglichkeiten der Biorhythmik erschließen können; dies sichert der wissenschaftlich fundierten Methode eine zwar langsame, dafür aber stetige und sichere Verbreitung.

Kennen Sie Ihren Tagesrhythmus?

»Denke am Morgen.
Handle am Nachmittag.
Iß am Abend.
Schlafe in der Nacht.«
William Blake (1757–1827)

Bedeutung circadianer Rhythmen

Die meisten der allgemein bekannten und auch erforschten
Körperzyklen, die unser Verhalten bestimmen, spielen sich
innerhalb eines 24-Stunden-Tages ab (»circadiane Rhythmen«). Zu ihnen gehören beispielsweise:

- Atmung
- Herzschlag
- Körpertemperatur
- Blutdruck
- Blutzuckergehalt
- Hirnströme
- Hormonausscheidung

**Circadiane
Rhythmen**

Viele dieser täglichen Schwankungen sind relativ leicht zu erkennen, zu messen und zu beweisen; um so schwieriger und
aufwendiger wird es dagegen, längerfristige Perioden von
mehreren Tagen wissenschaftlich zu untersuchen.

Die täglichen Temperaturunterschiede sind jedem zumindest
annäherungsweise bekannt. Regelmäßig steigt die Körpertemperatur eines gesunden Menschen von einem Tiefpunkt

Die täglichen Temperaturschwankungen des Körpers behalten auch bei einer Veränderung der Lebensweise ihre Tendenz.

in den Morgenstunden bis gegen 9.00 Uhr ziemlich rasch an, dann verläuft der Anstieg immer flacher, bis in den Nachmittagsstunden ein Absinken beginnt, das gegen 3.00 Uhr morgens den Tiefstwert erreicht. Die Differenz zwischen Höchst- und Tiefststand beträgt etwa 1 °C. Aufgrund eingehender Untersuchungen von *Professor Arthur Jores* wird davon ausgegangen, daß zwar die Lebensweise Einfluß auf diesen Rhythmus hat, daß sie aber nicht als Ursache angenommen werden kann. Selbst bei einer einschneidenden Änderung der Lebensweise, zum Beispiel auch dann, wenn wie bei Schichtarbeitern die Nacht zum Tage gemacht wird, behält die Kurve der Temperaturschwankungen die beschriebene Tendenz.

Charakteristisch im Ablauf eines 24-Stunden-Tages sind auch die rhythmischen Änderungen des Herzschlages, des Blutdrucks und der Atemfrequenz. Es zeigt sich, daß wie bei der Körpertemperatur die Änderungen nicht oder doch nicht ausschlaggebend vom Zustand des Wachseins oder Schlafens gesteuert werden. Die Forschungen von *Arthur Jores* haben bewiesen, daß »in der Nacht auch ohne Schlaf ein Absinken der Herzfrequenz und des Blutdrucks mit einem Minimum in den Morgenstunden zwischen 2 und 4 Uhr festzustellen ist.« Die Änderungen im Kreislauf sind also nicht eine Folge der Ruhe und des Schlafens, sondern ein vom Schlafzustand unabhängiges Geschehen.

Circadiane Rhythmen sind auch den Funktionen der Nieren unterworfen; in engem Zusammenhang steht damit, daß die Urinausscheidung morgens und mittags zu größeren Mengen führt als während der Nacht, und zwar relativ unabhängig von der aufgenommenen Flüssigkeitsmenge. Doch dürfte die Erfahrung, daß die Urinmenge während der Nachtstunden geringer ist als bei Tage, als Folge des Zusammenwirkens verschiedener anderer Rhythmen angesehen werden können.

Die größte Drüse im Körper des Menschen, die Leber, reguliert den Blutzuckerspiegel. Im Normalfall sinkt der Blutzuckerspiegel beim Menschen etwa ab dem späten Nachmittag und erreicht am frühen Morgen den Tiefpunkt. Von da an erfolgt der spontane Anstieg bis zum maximalen Tageswert. Diesen Rhythmus müssen Diabetiker kennen und berücksichtigen, wenn sie ihre Zuckerkrankheit durch Zufuhr von Insulin, einem Hormon der Bauchspeicheldrüse, zu behandeln gezwungen sind. Insulin steigert die Verfügbarkeit von Blutzucker. Würde es der Diabetiker jedoch zur falschen Zeit, wenn in der Leber nur geringe Reste vorhanden sind, seinem Körper zuführen, könnte es zu spontanen Ausfallerscheinungen, zu krampfartigen Zuständen und sogar zum völligen Zusammenbruch des Stoffwechsels kommen.

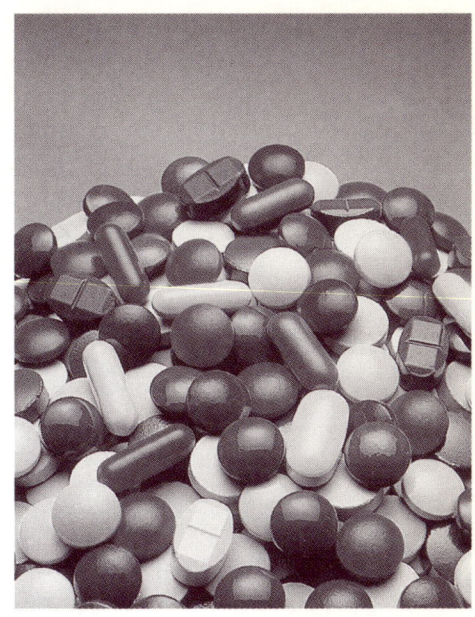

Daß man bei gewissen Erkrankungen den Zeitpunkt für die Einnahme der Medikamente und ihre Dosierung sorgfältig abwägen muß, ist zwar allgemein bekannt, doch die Zusammenhänge mit den circadianen Rhythmen, an die Aufnahme- und Abwehrbereitschaft der erkrankten Organe gekoppelt sind, wurden bislang nur von wenigen Ärzten beachtet. So wie unsere Schmerzempfindlichkeit, unsere Krankheitssymptome durch Körperzyklen beeinflußt werden, sind auch die Reaktionen auf Medikamente von der Physiologie her rhythmisch bedingt.

Bei bestimmten Krankheiten sollten die Medikamente in bezug zur circadianen Rhythmik eingenommen werden.

Professor Franz Halberg und seine Mitarbeiter von der Universität Minnesota haben einen ausgeprägten 24-Stunden-Rhythmus bei der Zellteilung entdeckt. Besonders die Zellen der Körperoberfläche (Schleimhaut, Haut, Haare) werden stark beansprucht und häufig beschädigt, so daß sie ständig ersetzt werden müssen. Beim erwachsenen Menschen vollzieht sich diese Erneuerung mit großer Regelmäßigkeit vorzugsweise in den Stunden zwischen Mitternacht und 4.00 Uhr morgens. Damit passen sich diese Rhythmen offenbar dem natürlichen Tagesablauf des Menschen an; während er schläft und ein Teil seiner Organe gewissermaßen »auf Sparflamme« geschaltet ist, arbeiten andere besonders intensiv und nutzen die Zeit zu einer Verjüngung der Hautzellen.

Was leistet die Rhythmusforschung?

Die Beachtung der körpereigenen Rhythmen ist für Gesundheit und Wohlbefinden von entscheidender Bedeutung.

Rhythmusforschung darf auf keinen Fall Selbstzweck und nur darauf ausgerichtet sein, was in uns und um uns ist. Sie muß vielmehr helfen, raten und einen sinnvollen Beitrag zur Verbesserung der Lebensqualität leisten. Wenn sie beispielsweise wichtige Hinweise für die vorbeugende und heilende Medizin geben und damit Leid und Schmerzen mildern kann, ist dies Grund genug, sie mit allen Kräften voranzutreiben. Die ersten Auswertungen lassen bereits den Schluß zu, daß die Beachtung der individuellen Lebenszyklen für Gesundheit und Wohlbefinden von erheblicher Bedeutung ist. Daher bleibt es verwunderlich, warum die Wissenschaft lange gezögert hat, sich einem derart wichtigen Spezialgebiet zu widmen. Wenn Rhythmik heilt, Arrhythmie aber schwächt und krank macht, wenn fehlende Harmonie und Mangel an Gleichmaß dem Menschen schadet, dann geht es doch in erster Hinsicht darum, ihn wieder an das natürliche Leben mit seinen rhythmischen Gesetzmäßigkeiten heranzuführen.

In der Bundesrepublik hat *Dr. Karl J. Pflugbeil* seine großen Erfahrungen als »Chronomediziner« in der »Bio-Uhr« veröffentlicht und über wissenschaftliche Grundlagen und neueste Forschungsergebnisse ausführlich berichtet. Er gibt Ratschläge, wie die »innere Uhr« des Menschen, etwa bei der Behandlung von Krankheiten zu ganz bestimmten Tageszeiten, erfolgreich genutzt werden kann. Erfreulicherweise berücksichtigen Ärzte und Heilpraktiker in zunehmendem Maße bei der Behandlung bestimmter Krankheiten die Änderungen der Körperfunktionen innerhalb eines 24-Stunden-Rhythmus. Die Rezeptanweisung »dreimal täglich« ist nicht mehr in allen Fällen angebracht. Neuerdings wird sogar in Apotheken eine Biouhr zum Drehen mit Hinweisen über die unterschiedliche Wirkung von Präparaten und Medikamenten angeboten.

Rudolf Steiner hat einmal zum Problemkreis Rhythmus geäußert: »Wesentlich ist auch, daß der Mensch heute nicht etwa glaubt, daß er ohne Rhythmus leben könne. Wie er sich von außen verinnerlicht hat, so muß er sich von innen heraus wieder rhythmisch aufbauen. Das ist es, worauf es ankommt. Rhythmus muß das Innere durchziehen.«

Die großen Gestalten der Geistesgeschichte haben diese Möglichkeiten zur geistigen Gesundung und Kräftigung vorgelebt; es war wohl *Johann Wolfgang von Goethe*, der früh erkannt hat, daß willkürlich niemand leben kann. Es liegt an uns, diesen Weg zur Harmonie mit uns selbst zu gehen:
»Drum hetze nicht zur schlimmen Zeit, denn Füll und Kraft sind nimmer weit: hast in der bösen Stund geruht, ist Dir die gute doppelt gut!«

Wichtig

Bedenken Sie, daß sich unser Zeitgefühl von Stunde zu Stunde ändert. So kann es Ihnen vorkommen, daß die Zeit wie im Flug vergeht, wenn etwas Spaß macht oder für Ablenkung sorgt. Die Zeit verfliegt scheinbar noch schneller, wenn man den Spaß am späten Nachmittag oder am frühen Abend hat, zu dem Zeitpunkt also, wenn auch die Körpertemperatur am höchsten ist.

Im allgemeinen unterliegen wir alle dem Tagesrhythmus, doch in den Einzelheiten variiert er von Mensch zu Mensch. Es kommt darauf an, ob jemand ein Morgen- oder ein Abendmensch ist. Je früher Ihre »biologische Uhr« zu arbeiten beginnt, desto früher erreichen Sie wahrscheinlich auch Ihre Tagesbestzeit. Es hat sich herausgestellt, daß die Rhythmenfolge innerhalb eins 24-Stunden-Tages zwischen einem ausgesprochenen Morgen- und einem Abendmenschen manchmal um mehrere Stunden differieren kann.

Tip

Machen Sie einen Erfolgsplan und entwickeln Sie die richtige Einstellung zu Ihren persönlichen Stimmungs- und Leistungsschwankungen. Am besten notieren Sie sich zur Kontrolle Ihre stündlichen Beobachtungen und vergleichen sie mit dem folgenden Zeitschema, das je nach Alter, Kondition, Jahreszeit und Anforderung variieren kann.

— Der Schlaf wird jetzt leichter; Blutdruck und Körpertemperatur steigen langsam wieder an; der Energiespeicher füllt sich.

— Die Nacht geht zu Ende, die Lust kommt. Der Organismus bereitet sich wieder auf Leistung vor. Jetzt produziert der Körper die meisten Sexualhormone: Die beste Zeit für Sex kündigt sich an.

— Ein morgendliches Leistungshoch erleichtert den Start in den Tag. Die Schmerzempfindlichkeit ist relativ gering; Tabletten wirken jetzt stärker und länger. Cholesterin, Blutzucker und Galle steigen an, weiße und rote Blutkörperchen nehmen zu. Die geistige Wachheit erreicht den Gipfelpunkt, das Kurzzeitgedächtnis arbeitet optimal.

— Die Hellwachphase ist für wichtige Arbeiten ideal. Die meisten Körperfunktionen laufen jetzt auf Hochtouren, das Gehirn ist gut durchblutet und läßt die Erledigung komplizierter Aufgaben zu. Empfehlenswerte Stunden für Prüfungen, Besprechungen, Verhandlungen, Neugestaltung und Ideenverwirklichung.

- Die Mittagsmüdigkeit verlangt nach einer Pause oder Entspannung. Der Magen signalisiert ein Hungergefühl, das Beachtung verdient. Nach dem »Gipfelsturm« fallen Blutdruck und Stoffwechsel steil bergab. Ermüdungserscheinungen können sich bemerkbar machen. Eine Kurzerholung (oder ein Kurzschlaf) regeneriert das System.

- Nach Überwindung des mittäglichen Leistungsknicks und Stimmungstiefs steigt die Form wieder an. Das Langzeitgedächtnis wird aktiviert und sorgt für die beste Lernzeit für Kinder und Erwachsene.

- Ein weiterer Energieschub ermöglicht die Bewältigung unerledigter Arbeiten. Handwerkliche Tätigkeiten und manuelle Fertigkeiten sind begünstigt. Arbeiten wie Tischlern, Maschineschreiben oder Nähen gehen etwas leichter von der Hand. Schmerzstillende Mittel wirken besonders lange.

- Noch vor dem Abendessen erzielen Sie mit relativ wenig Anstrengung gute sportliche Leistungen. Viel Kraft und Ausdauer sind vorhanden, ebenso hohe Reaktionsfähigkeit.

- Die Sinnesorgane (Geruch, Gehör, Geschmack) sind besonders aufnahmefähig. Die schönsten Stunden für Speis und Trank, Unterhaltung, Spiel, Musik und Fernsehen.

- Der Drang nach Entspannung und Erholung zwingt zum Nachgeben und Ruhen. Der Blutdruck sinkt wieder, und die Leistungsfähigkeit nimmt rapide ab. Da der Schlaf vor Mitternacht den Körper am besten entlastet, ist Ruhestellung oder Schlafengehen empfohlen. Am erholsamsten für den Körper ist der Tiefschlaf während der ersten Stunden.

- Der absolute Tiefpunkt der Körperfunktionen ist erreicht. Blutdruck und Temperatur sinken auf ein Minimum; nur die Leber arbeitet auf Hochtouren, um eventuell zuviel getrunkenen Alkohol abzubauen.

Das Wesen der Langzeitrhythmen – lange bekannt, aber wenig erforscht

»Gehorcht der Zeit und dem Gesetz der Stunde.«
Friedrich von Schiller (1759–1805)

Ein Zusammenhang zwischen den Zyklen der Menstruation und den Mondphasen konnte nicht bewiesen werden.

Perioden, die ganz erheblich über die Länge eines Tages oder einer Woche hinausgehen, wie beispielsweise der Menstruationszyklus von ca. 28 Tagen, werden **Langzeitrhythmen** oder »ultradiane Rhythmen« genannt. Nach der Volksmeinung besteht ein Zusammenhang zwischen den Zyklen der Menstruation und den Zyklen der Mondphasen, denn unser Trabant bewegt sich in 27,32 Tagen um die Erde (siderischer Monat) und begegnet sich jeweils nach etwa 29 Tagen mit der Sonne (Neumond). Bewiesen sind Zusammenhänge zwischen Lunation (Mondperiode) und Menstruation allerdings nicht. Aller Wahrscheinlichkeit nach liegen der Menstruation komplizierte Steuerungsvorgänge durch Hormone zugrunde, deren Ausschüttung ja auch nach rhythmischen Gesetzen erfolgt. Die Veränderungen im Hormonhaushalt lösen Beschwerden wie Reizbarkeit, Depression, Kopfweh, Nachlassen der Aufmerksamkeit und Sehkraft aus. Wegen dieser Auswirkungen beginnt die Menstruation zu einem zentralen Thema der Rhythmenforschung zu werden.

Auch bei Männern glaubt man Anzeichen für einen monatlichen Hormonzyklus mit entsprechenden Stimmungsschwankungen und Beeinträchtigungen der Leistungsfähigkeit entdeckt zu haben. Die Merkmale sind allerdings nur wenig ausgeprägt und daher schwer nachweisbar.

Selbstverständlich gehören zu den Langzeitrhythmen auch die in der Biorhythmik eine überragende Rolle spielenden Zyklen von 23, 28, 33 und 38 Tagen Dauer. Über sie wird in den nachfolgenden Kapiteln dieses Buches ausführlich berichtet.

Beeinflussen Langzeitrhythmen den Verlauf von Krankheiten?

Ein weites Feld öffnet sich der Forschung bei der Untersuchung von Zusammenhängen zwischen Krankheitszuständen und Langzeitrhythmen. Der amerikanische Arzt *Professor Curt Richter* hat in seiner Praxis mehr als 1.000 klinische Daten seiner Patienten gesammelt, die an verschiedenen Krankheiten mit periodischen Verlaufserscheinungen gelitten haben. Nach seinen Aufzeichnungen treten Langzeitrhythmen vor allem bei der Erkrankung der Gelenke, der Lymphdrüsen, des Magens, des Zwölffingerdarms, des Bauchfells, der Speicheldrüsen, der Schweißdrüsen, der Augen, der Haut und des Knochenmarks auf; auch krankhafte Erscheinungen im Gehirn verliefen zyklisch. Als Beschwerden kamen bei den genannten Erkrankungen Schmerzen, Schwellungen, Magengeschwüre, Migräne und Epilepsie vor.

Allgemein gilt

Zu den seelischen Störungen mit sehr langsam verlaufenden Rhythmen zählen Schlaflosigkeit, übermächtiges Schlafbedürfnis, Alkoholsucht und unersättliche Eßbegierde, vor allem aber eingebildetes Kranksein.

Curt Richter hat dargelegt, daß es schwierig sei, die Tatsache eines periodischen Verlaufs rechtzeitig auszumachen, weil die Merkmale oft erst nach Monaten oder Jahren deutlich werden und letzte Gewißheit schaffen. Er suchte auch nach der »inneren Uhr«, der Stelle, die er im zentralen Nervensystem vermutete und die die beobachteten Schwankungen auslöst;

nach umfangreichen Tierexperimenten kam er zu dem Schluß, daß der in der Sprache der Mediziner als Hypothalamus benannte Teil des Zwischenhirns oder ihm benachbarte Regionen dabei eine entscheidende Rolle spielen.

Langfristig-periodische Krankheiten sind schon seit Jahrhunderten bekannt. So kennt man die periodische Peritonitis, eine wiederkehrende Entzündung des Bauchfells oder der Eingeweide, die bereits im 17. Jahrhundert eingehend als Leibschmerz mit Erbrechen geschildert wurde. Eine andere periodische Krankheit, die Purpura, bei der Blutflecken in Gestalt der Wundmale Christi (Stigmata) auftreten können, kommt auffallender Weise in einem siebentägigen Zyklus zum Durchbruch, wobei meist an Freitagen – so auch am Freitag vor Ostern, dem Karfreitag, – die Symptome recht eindrucksvoll als Wunden oder Schrammen zu sehen sind.

Es gibt verschiedene Erkrankungen, die sich in einen zyklischen Verlauf einordnen lassen.

Manche Geistes-, Gemüts- und Nervenerkrankungen lassen sich in einen zyklischen Verlauf einordnen, etwa die zyklische Psychose, die periodische Katatonie, eine besondere Verlaufsform der Schizophrenie mit Krampf- und Spannungszuständen der Muskulatur, schließlich auch das manisch-depressive Irresein (Zyklophrenie), dessen Wesen in einem periodischen Wechsel zwischen Zuständen gehobener Stimmung und gesteigerter Erregung (Manie) und Zuständen gedrückter Stimmung und gehemmter Antriebslage (Depression) besteht. *Professor Erich Menninger-Lerchental* hat zahlreiche Fälle solcher Erkrankungen aufgezeichnet, darunter das Krankheitsbild eines 25jährigen Studenten, dessen epileptische Anfälle deutlich einen vierwöchigen Rhythmus aufwiesen.

Es gibt auf medizinischem Gebiet vermutlich noch viele unentdeckte Rhythmen, die sich auf den ersten Blick nicht als solche erkennen lassen, weil zahlreiche Überlagerungen von Symptomen die Analyse erschweren. Es besteht aber die Hoffnung, daß die Speicherung und Auswertung medizinischer Daten in großen Datenverarbeitungsanlagen in naher Zukunft neue Erkenntnisse bringen wird.

Vom Entstehen der Periodenlehre bis zur modernen Biorhythmik

»Erst wird's verlacht und dann veracht!
Dann wird's bedacht und schließlich nachgemacht.«
(Sprichwort)

Historische Entwicklung

Wer sich eingehend mit der Biorhythmik befassen will, wird früher oder später der historischen Entwicklung dieser Wissenschaft nachspüren. Es sei deshalb der Versuch unternommen, anhand der Literatur und eigener Nachforschungen die Entstehung der Lehre zu skizzieren.

Zweifellos ist die Biorhythmik eine **Erfahrungswissenschaft**, deren Ursprünge weit in die Vorzeit zurückreichen. Es gibt Anzeigen dafür, daß schon in den Kulturkreisen der Ägypter, der Griechen und der Mayas sehr eingehende Vorstellungen über das Wirken menschlicher Biorhythmen existierten. Nur ist es schwierig, Aufzeichnungen hierüber zu finden, da die Unterlagen spärlich sind und die Altertumsforscher diese Unterlagen nach gänzlich anderen Gesichtspunkten gesammelt, geordnet und ausgewertet haben. Trotzdem sind Bruchstücke von Kalendern aus dem alten Ägypten erhalten geblieben, die beispielsweise von der weiten Verbreitung einer Methode der sogenannten »Tagwählerei« zeugen. Sie dürften ihre Entstehung den Sorgen und Wünschen des einfachen Volkes verdanken. Offenbar hat es derartige Kalender, die exakte Anga-

Die Ursprünge der Biorhythmik reichen bis in das alte Ägypten zurück.

ben über die Bedeutung bestimmter Tage für die einzelnen Personen enthalten, an vielen Orten des Niltals gegeben. Sie waren ursprünglich wohl von Astrologen entwickelt worden und mit genauen Hinweisen auf religiöse Feste und örtliche Ereignisse versehen; es gab darin eine komplette Aufzählung aller günstigen und ungünstigen Tage im Ablauf des Jahres. Später entwickelte sich daraus ein System, welches unserem heute üblichen Monatsrhythmogramm recht ähnlich ist.

In dem Papyrus Sallier IV aus der Zeit des Königs Ramses II. (ca. 1292–1222 v. Chr.) sind Bemerkungen, Vorschriften, Warnungen, Verbote und Voraussagen zu den einzelnen Tagen enthalten, die sich durchaus neuzeitlich anhören. Einige der sehr genau gehaltenen Anweisungen sprechen davon, was man an den betreffenden Tagen tun oder besser unterlassen sollte. Es versetzt uns in Erstaunen, wenn wir vernehmen: »Wenn Du an diesem Tag irgendwelche Dinge unternimmst, werden sie gut auslaufen«, an einer anderen Stelle: »Die Erde ist voller Jubel, mache Dir einen schönen Tag in Deinem Hause«, oder: »Du solltest an diesem Tage nicht zu Schiff reisen und nicht zum Strom hinabsteigen«, wiederum an anderer Stelle: »Du sollst an diesem Tag nicht zu irgendeinem Menschen mit lauter Stimme sprechen!«

Hippokrates – der »Vater der Heilkunde«

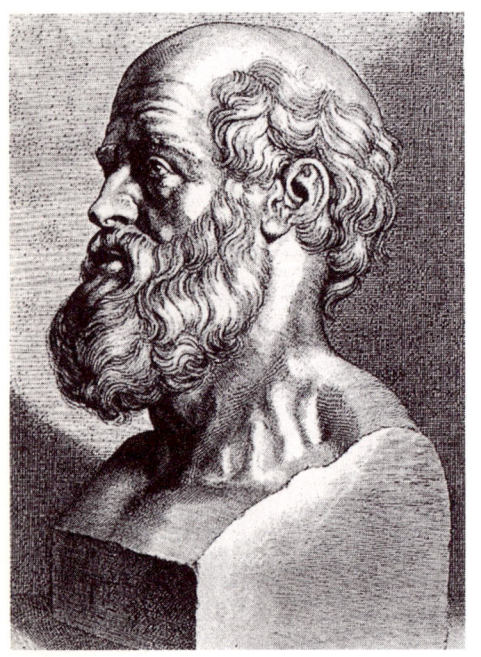

Der weltberühmte griechische Arzt und Lehrer *Hippokrates* (460–377 v. Chr.), der als der »Vater der Heilkunde« gilt und die Grundlagen der ärztlichen Ethik schuf (Eid des Hippokrates), hat in seiner Schriftensammlung über das ärztliche Wissen des Altertums von »guten« und »schlechten« Tagen bei Gesunden und Kranken berichtet und von seinen Schülern verlangt, diese Tagestendenzen bei der Behandlung der Kranken zu berücksichtigen.

Systematisch zusammengestellt und überliefert wurden die Erfahrungen des Altertums über rhythmische Vorgänge im Menschen durch den griechisch-römischen Arzt *Galen* (129–199 n. Chr.), der einer der bedeutendsten Ärzte der römischen Kaiserzeit und Leibarzt von Marc Aurel war. Er hatte Kenntnisse über den rhythmischen Ablauf von Krankheiten und der kritischen Phasen, die sie beeinflussen.

Aus dem Mittelalter und der beginnenden Neuzeit sind wenig Schriften überliefert, die Gedanken zur Lebensrhythmik enthalten. Erst *Johann Wolfgang von Goethe* hat wiederholt zu diesen Dingen Stellung genommen; er wußte von guten und bösen Tagen. Seine Lebensphilosophie war, an ungünstigen Tagen etwas langsamer zu treten, dafür aber an günstigen Tagen durch größere Anstrengungen das Doppelte zu erreichen. Aus den Gesprächen, die sein Sekretär *Eckermann* aufgeschrieben hat, wissen wir von den Versuchen, die *Goethe* unternahm, um die ihm bewußten rhythmischen Erscheinungen zu analysieren; sein universal erfassender Geist führte ihn aber auch zu der Einsicht, daß die vielen beitragenden Faktoren das Gliedern und Zuordnen der Einzelheiten sehr erschweren und er mit seinen Mitteln das »Neuland« noch nicht entdecken könne.

> Johann Wolfgang von Goethe hat sich wiederholt mit rhythmischen Erscheinungen beschäftigt.

Tatsächlich hat es dann auch mehr als 100 Jahre gedauert, bis Fortschritte auf dem Gebiet der Erforschung der biologischen Rhythmen erzielt, bis das Verständnis für die körpereigenen Schwingungen geweckt und die neuen »alten« Lehren aus dem Dunstkreis von Ahnungen und Vermutungen herausgeführt werden konnten.

Die Wiederentdeckung

Zwei Namen, die seit Jahrzehnten immer wieder im Zusammenhang mit der Wiederentdeckung der 23- und der 28tägigen Rhythmen erwähnt werden, haben sich untilgbar in die

Chronik der europäischen Forschung eingetragen. Es sind dies der Berliner Sanitätsrat *Dr. med. Wilhelm Fließ* (1858–1928) und der Wiener Professor für Psychologie *Dr. Hermann Swoboda* (1873–1963).

Obwohl sie sich den Problemen der Periodizität von Vorgängen im menschlichen Körper aus verschiedenen Richtungen kommend näherten – *Fließ* als Arzt und *Swoboda* als Psychologe –, kamen sie doch zu gleichartigen Ergebnissen. Sie fanden heraus, daß viele Ereignisse im Verlauf des Lebens mit den Rhythmen von 23 und 28 Tagen Dauer in enger Beziehung stehen. Zwischen beiden Forschern entwickelte sich ein in der Öffentlichkeit ausgetragener Streit, weil *Fließ* sich als der alleinige Erstentdecker sah und *Swoboda* ihm diesen Rang streitig machte. Aus unserer heutigen Sicht war die Rivalität der beiden der Sache selbst durchaus dienlich, weil sie zu vermehrten Anstrengungen führte. Auf jeden Fall gelten die beiden als die geistigen Väter der modernen Biorhythmik; wir wollen deshalb auf ihr Lebenswerk näher eingehen.

Wilhelm Fließ und Hermann Swoboda gelten als die »geistigen Väter« der modernen Biorhythmik.

Die Bedeutung der 4 wichtigsten Biorhythmen

Dr. Wilhelm Fließ hat an einem Beispiel aus seiner Familie erläutert, daß »die Geburt einen sicheren Abschnitt darstellt, von dem aus man rechnen darf«. Dennoch ist er nicht immer vom Zeitpunkt der Geburt des Menschen ausgegangen, sondern hat vielmehr die zeitlichen Abstände zwischen zwei oder mehreren prägnanten Ereignissen im Leben seinen Rechenansätzen zugrunde gelegt.

Erst die Forscher *Judt* und *Früh* führten ein einheitliches und einfach zu handhabendes System der Berechnung ein: Als Ausgangstermin für die biorhythmischen Schwankungen und damit für alle Berechnungen der Biorhythmik wählten sie die Geburt des Menschen. Nun beginnt allerdings das neue Leben zum Zeitpunkt des Eindringens des männlichen Spermiums in die weibliche Eizelle (Befruchtung), doch dieser Moment ist wohl in keinem Fall genau feststellbar, es sei denn, man nimmt die Befruchtung künstlich außerhalb der Gebärmutter vor. Erst bei der Geburt aber, wenn das kleine Lebewesen zum ersten Mal Luft, Licht und Wärme selbständig erhält, werden durch periodisch ablaufende Hormonausschüttungen die unterschiedlichsten Organe zur Eigenaktivität angeregt. Die Geburt des Menschen stellt mithin den Zeitpunkt dar, an dem viele biologische Vorgänge beginnen, an dem die biologischen »Uhren« zu ticken anfangen. Sie laufen dann – von Mensch zu Mensch mit der durch den Zeitunterschied der Geburt bedingten zeitlichen Verschiebung – bis zum Ende des Lebens.

Die Geburt ist der Zeitpunkt, an dem viele biologische Vorgänge beginnen.

Allgemein gilt

> In der heutigen Lehre der Biorhythmik beginnen alle vier Biorhythmen (siehe auch hintere Umschlaginnenseite und Seite 50ff.) mit dem **Zeitpunkt der Geburt**, genauer noch zur Zeit der Geburtsstunde.

23 Tage – Grundrhythmus Nr. 1

Funktionsmodell:

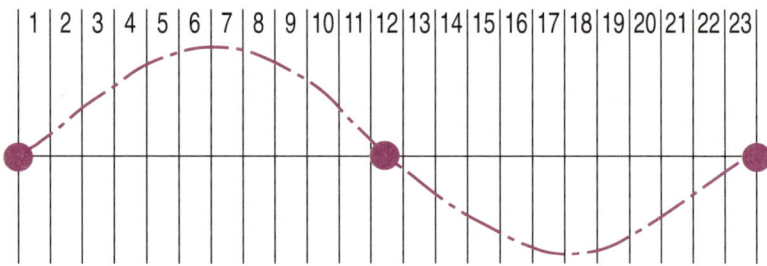

Bezeichnung: Körper-Rhythmus

Abkürzung: K

Zuständigkeit: Das **Tun**

Dauer: $11 \frac{1}{2}$ Tage im Hoch
$11 \frac{1}{2}$ Tage im Tief

Periodische
Wechseltage:

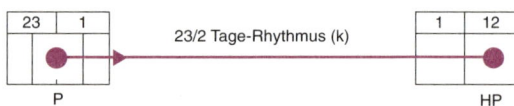

28/1 und 14/15 (individuell durch Geburts- oder Ereignisstunde verschiebbar)

Berechnungs-
grundlage: Anzahl der durchlebten Tage: 28. Der verbleibende Rest ist der gesuchte Tag des 28-Tage-Rhythmus.

Charakter: Steuerung der nach außen gerichteten Lebenskräfte

Einflußnahme: Auf das motorische, die Bewegung(en) betreffende Nervensystem

Zeugungstendenz: Männlich

Geltungsbereich: Körperbeschaffenheit, Tatendrang, Lebenstempo, Gesundheitszustand, Geschäftigkeit, Willensstärke, Entschlußkraft

Allgemeine Erfahrung:

Hochlage: Beste Zeit für gezielten Kräfteeinsatz. Gute körperliche Kondition läßt Belastungen durch Ärger, Streß, Trauer, körperliche und seelische Verletzungen, Impfungen und operative Eingriffe besser und rascher überstehen. Gesteigerte Vitalität, Ausdauer und Unternehmungslust machen das Leben angenehmer und leichter. Sexualtrieb liegt über der persönlichen Norm.

Nachteil: Vermeintliches Wohlbefinden und das Bewußtsein von starker Körperkraft birgt die Gefahr der Überforderung und Überanstrengung und kann leichtsinniges Verhalten auslösen.

Wechseltage: Fehlhandlungen und Fehleinschätzungen bringen ein erhöhtes Risiko mit sich. Vorsicht ist geboten. Verstärkte Unfallneigung und gesundheitliche Störanfälligkeit sind möglich.

Tieflage: Empfohlene Zeit für Kräftespeicherung, Entwicklung und Reifung. Rasche Ermüdbarkeit erfordert mehr Erholungszeit. Kraftakte jeder Art und Überlastung sollen vermieden werden. Der übermäßige Genuß von Nahrungs- und Aufputschmitteln, Getränken und Drogen kann fatale Folgen haben.

Vorteil: Grenzen der körperlichen Leistungsfähigkeit werden aufgezeigt. Eine kontrollierte Lebensweise und Anpassung an die Gegebenheiten lassen Erfolge erwarten.

28 Tage – Grundrhythmus Nr. 2

Funktionsmodell:

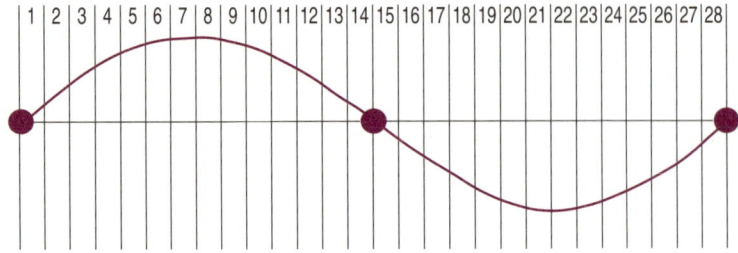

Bezeichnung:	Seelen-Rhythmus
Abkürzung:	S
Zuständigkeit:	Das **Fühlen**
Dauer:	14 Tage im Hoch 14 Tage im Tief

Periodische
Wechseltage:

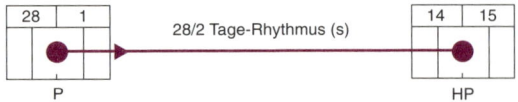

28/1 und 14/15 (individuell durch Ge-
burts- oder Ereignisstunde verschiebbar)

Berechnungs-
grundlage: Anzahl der durchlebten Tage: 28. Der verbleibende Rest ist der gesuchte Tag des 28-
Tage-Rhythmus.

Charakter: Steuerung des nach innen gerichteten Ge-
fühls- und Seelenlebens

Einflußnahme: Auf das sensitive, Gefühl- und Sinnesreize
betreffende Nervensystem

Zeugungstendenz: weiblich

Geltungsbereich: Gemütszustand, Seelenlage, Stimmung, Laune, innere Verfassung, Disponiertheit, Sinnlichkeit, Romantik

Allgemeine Erfahrung:

Hochlage: Zeit für verstärktes Gefühls- und Seelenleben. Günstig für Aufnahme und Vertiefung von gefühlsbetonten Beziehungen zu anderen Menschen, für Bekanntschaft, Freundschaft und Liebe. Große Leistungsbereitschaft auf den Gebieten Erziehung, Beratung und Beaufsichtigung.

Nachteil: Die zur Überbetonung neigende Gefühlslage kann zu übertriebenem Liebesbedürfnis, Leidenschaftlichkeit und Triebhaftigkeit führen.

Wechseltage: Seelische Verkrampfungen und Konflikte wirken sich nachteilig aus. Spannungen mit der Umwelt entstehen. Krankheits- und Unfallneigung sind vorhanden. Plötzliche Kurzschlußhandlungen sind nicht auszuschließen.

Tieflage: Zeit des unsicheren, gehemmten Gefühlslebens. Günstig für nach innen gerichtetes Fühlen und Horchen. Passive Verhaltensweise und gedrückte Stimmung sind öfter zu überwinden. Geduld und Selbstdisziplin werden zur Positionssicherung verlangt. Heil- und Stärkungsmittel wirken gut.

Vorteil: Durch Herzenswärme lassen sich Annehmlichkeiten erreichen. Eine erzwungene Pause kann für Planung und Vorbereitung genutzt werden.

33 Tage – Ergänzungsrhythmus Nr. 3

Funktionsmodell:

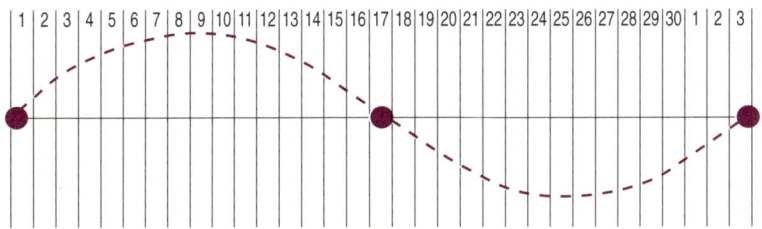

Bezeichnung:	**Geistes-Rhythmus**
Abkürzung:	G
Zuständigkeit:	Das Denken
Dauer:	16 $^1/_2$ Tage im Hoch 16 $^1/_2$ Tage im Tief

Periodische
Wechseltage:

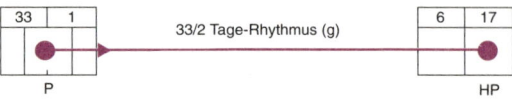

33/1 und 17 (individuell durch Geburts-
oder Ereignisstunde verschiebbar)

Berechnungs-
grundlage: Anzahl der durchlebten Tage: 33. Der verbleibende Rest ist der gesuchte Tag des 33-
Tage-Rhythmus.

Charakter: Steuerung der Geisteskräfte

Einflußnahme: Auf das intellektuelle, auf den Verstand
bezogene Nervensystem

Zeugungstendenz: Neutral

Geltungsbereich: Verstandeskraft, Erkenntnisstärke, Urteils-
kraft, Unterscheidungsvermögen, Geistes-
macht, Scharfsinn, Kombinationsgabe

Allgemeine Erfahrung:
Hochlage: Geeignete Zeit für Entfaltung der Geisteskräfte.
Guter Abschnitt für schöpferische und geistige Tätigkeit, wie
Lesen, Rechnen und Schreiben. Zuverlässiges Gedächtnis und
gute Konzentrationsfähigkeit ermöglichen verbesserte Prü-
fungsergebnisse. Erfolgsbegünstigte Tage für Entwicklung
neuer Konzepte, Analysieren und Lösen von Problemen.

Nachteil: Die zu starke Betonung geistiger Kräfte kann sich auf Körper und Seele ungünstig auswirken. Dazu kommt es vor allem in Situationen, wenn notwendige geistige Anforderungen fehlen.

Wechseltage: Eine zu rege Phantasie läuft Gefahr, Täuschungen und Enttäuschungen zu unterliegen. Konzentrationsfehler und mangelnde Geistesgegenwart erhöhen die Unfallgefahr. Unüberlegte Handlungen sind eher möglich.

Tieflage: Zeit für verringerte geistige Beweglichkeit. Günstig für die Erledigung von Routinearbeiten. Typisch sind geringes Interesse beim Vordringen in neue Wissensgebiete, verlangsamte Reaktionsfähigkeit, wenig Lern- und Entscheidungsfreude. Erschöpfungszustände im Bereich geistiger Auseinandersetzungen stellen sich eher ein.

Vorteil: Es kommt weniger zu unüberlegten Handlungen, da Spontaneität fehlt. Jedes Vorhaben wird gründlicher durchdacht und logischer behandelt.

38 Tage – Ergänzungsrhythmus Nr. 4

Funktionsmodell:

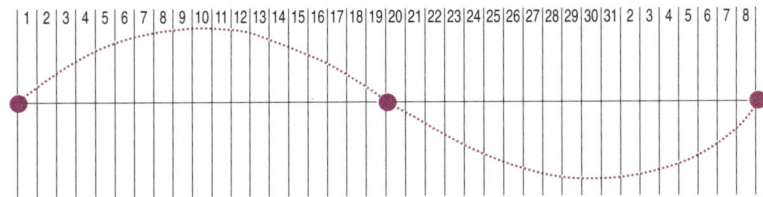

Bezeichnung:	Feinsinniger Rhythmus
Abkürzung:	F
Zuständigkeit:	Das Feinempfinden
Dauer:	19 Tage im Hoch
	19 Tage im Tief

Periodische
Wechseltage:

38/1 und 19/20 (individuell durch Geburts- oder Ereignisstunde verschiebbar)

Berechnungs-
grundlage:

Anzahl der durchlebten Tage: 38. Der verbleibende Rest ist der gesuchte Tag des 38-Tage-Rhythmus.

Charakter:

Steuerung der von außen ankommenden Reize

Einflußnahme:

Auf das sensorische, die Sinnesorgane betreffende Nervensystem

Zeugungstendenz: neutral

Geltungsbereich:

Geschmackssinn, Geruchsvermögen, Farbensinn, Gehörsinn, Stilgefühl, Kunstverständnis, musische Eingebung, Formgefühl, Kunstfertigkeit, Qualitätsurteil

Allgemeine Erfahrung:

Hochlage: Empfehlenswert für schöngeistiges Empfinden und Gestalten. Gute Beurteilung von Farben, Tönen, Takt und Bewegung. Schöpferische Tätigkeiten, gesteigerte Kunstfertigkeit, kultiviertes, handwerkliches Arbeiten.

Wechseltage: Plötzliche Eingebung neuer Ideen, aber auch unerwünschte Einfälle. Abschweifung vom Wesentlichen. Unschöpferische Stunden, unproduktives Denken, überkritische Einstellung.

Tieflage: Geeignete Tage des Planens und Überdenkens von neuen künstlerischen Aktivitäten. Eingeschränkte Phantasie, Einfälle lassen auf sich warten.

Vorteil: Rückschau auf Vollbrachtes oder Vorfreude auf Neubeginn. Zeit für Neugestaltung oder Überarbeitung.

644 Tage –
Die Rhythmenkombination

Funktionsmodell:

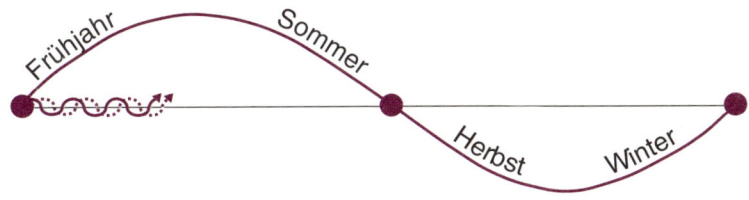

Bezeichnung:	Das Biojahr = 23 x 28 = 644 Tage
Dauer:	322 Tage im Aufbau 322 Tage im Abbau
Berechnungs- grundlage:	Anzahl der durchlebten Tage: 644. Der verbleibende Rest ist der gesuchte Stand im Biojahr.
Charakter:	»Jahreszeitlicher« Kräfteablauf Frühjahr, Sommer, Herbst und Winter
Einflußnahme:	Auf Lebensenergien und Alterungsprozeß
Zeugungstendenz:	K-Rhythmus im Hoch und S-Rhythmus im Tief = männlich K-Rhythmus im Tief und S-Rhythmus im Hoch = weiblich

Geltungsbereich: Lebenskraft, Lebenstempo

Allgemeine Erfahrung:
Bereiche, die unser Leben langsam mitbestimmen, wie Wachstum und Entwicklung, Veränderungen des Gesundheits- und Leistungsniveaus, Alterungsprozeß, unterliegen dem Ablauf des Biojahres von etwa 1 3/4 Jahren. Deshalb sind beispielsweise Hoch- bzw. Tiefphasen nicht immer gleich wirkungsvoll, und auch die Rhythmenempfindlichkeit schwankt – unabhängig vom Kalender – von biologischer »Jahreszeit« zu »Jahreszeit«.

Nico Caravias erforschte die langfristigen periodischen Erscheinungen im Leben des Menschen.

Der griechische Arzt *Dr. Nico Caravias* (1886–1949) hat in seinem Buch »Der Kalender« Betrachtungen über langfristige periodische Erscheinungen im Leben des Menschen angestellt und – von markanten Ereignissen des eigenen Lebensablaufes ausgehend – eine Theorie entwickelt, die als »Gesetz des Kreislaufs des Lebens« bezeichnet werden kann.

Caravias legt seinen Folgerungen die so selbstverständlich anmutende Erkenntnis zugrunde, daß alle Lebewesen und damit auch der Mensch dem ewigen Wechsel von Werden, Gedeihen und Vergehen unterworfen sind. Daraus leitet er die Behauptung ab, daß es im Leben des Menschen zwangsläufige und gesetzmäßig verlaufende Folgen von Ereignissen gibt, wie wir sie beispielsweise bei einem Baum als Blühen, Reifen der Frucht, Fallen der Blätter und Erstarren im Winterfrost kennen. So wie es in der Natur den Kreislauf Frühling, Sommer, Herbst und Winter gibt, so finden sich diese »Jahreszeiten« auch beim Menschen, nur daß der Zeitablauf längerfristig ist. *Caravias* kannte die Arbeiten von *Fließ* und ging bei seinen Berechnungen von den beiden Grundrhythmen (23 und 28 Tage) aus. Tatsächlich gelangt man zu einem weiteren biorhythmischen Zyklus, wenn man den 23-Tage- und den 28-Tage-Rhythmus als zusammenwirkende Schwingungen betrachtet, die sich je nach Phasenlage überlagern, verstärken oder abschwächen; dem Physiker sind derartige Erscheinungen als Interferenzen bekannt.

Die beiden Grundrhythmen von 23 und 28 Tagen ergeben ein Intervall von 23 x 28 = 644 Tagen; in der Biorhythmik nennt man diesen Zeitraum ein Bio-Jahr.
In diesem spielt sich das Wachstum und der Alterungsprozeß in erkennbaren Entwicklungsschüben ab.

Zahllose Beobachtungen haben ergeben, daß gleiche oder
ähnliche Rhythmensituationen innerhalb des Bio-Jahres gleiche oder ähnliche Auswirkungen haben, so beispielsweise bei
der Geschlechtsbestimmung während der Zeugung oder beim
Erlöschen der Lebenskraft. Bei der Auswertung und Deutung
ausgeprägter Hoch- und Tieflagen sind diese Erkenntnisse besonders beachtenswert.

Überblickt ein Mensch sein Leben über Jahre hinweg, so
wird er unschwer erkennen, daß den Perioden der Tatkraft
und des Schaffens Abschnitte der Ruhe und Erholung folgen.
Im allgemeinen erleben wir die menschlichen Jahreszeiten
des Vorbereitens, des Gestaltens, des Reifens und des Ruhens
mehr oder weniger unbewußt. Aber es ist sicher von Vorteil,
diese Zusammenhänge jetzt sichtbar machen zu können.

Angenommen, das Bio-Jahr beginnt zur Zeit der »Winter-
sonnenwende«, wenn der Körper neue Energien zugeführt
bekommt, dann wird verständlich, daß eine Zeit des Aufbaus
folgt. Erst nach 322 Tagen, in der Mitte des Bio-Jahres, also
zur Zeit der »Sommersonnenwende«, ist die Aktivität auf dem
Höhepunkt, ehe dann langsam wieder ein Beruhigung eintritt und ein neues Kräftesammeln beginnt. Die Wirksamkeit
des Bio-Jahres läßt sich an manchen Einzelbeispielen kon-
trollieren, aber auch statistische Untersuchungen untermau-
ern diese Theorie.

Die Wirksamkeit des Bio-Jahres wird durch statistische Untersuchungen, z.B. von Manfred Köhnlechner, untermauert.

In seinem Buch »Man stirbt nicht im August« hat *Dr. Manfred Köhnlechner* eine Statistik veröffentlicht, die die Zahl der Sterbefälle in der Bundesrepublik in Beziehung zu den Monaten
des Jahres setzt. Untersucht wurden die Jahre 1950 bis 1974,

wobei die Tabelle die Sterbefälle pro 1.000 Einwohner, aufge-
teilt auf die Monate, angibt:

- Januar   12,7
- Februar   13,3
- März   12,2
- April   11,6
- Mai   11,0
- Juni   10,6
- Juli   10,3
- August   10,0
- September   10,1
- Oktober   10,9
- November   11,3
- Dezember   12,1

Wenn man die Beobachtungen und Folgerungen von *Köhnlechner* auf die Vorstellung vom Bio-Jahr überträgt, so sind gewisse Übereinstimmungen nicht von der Hand zu weisen.
Auf alle Fälle scheint es bestimmte Zeitabschnitte zu geben,
in denen sich Schwächen, Krankheiten und Todesfälle besonders häufen, während diese zu anderen Zeiten erheblich
unter dem Mittelwert liegen. Vor allem in der Mitte des Bio-
Jahres finden wir – genau wie beim astronomischen Jahr –
eine derartige Periode mit stark verringerten Zahlen. Noch ist
es zu früh auf diesem Gebiet von exakter Beweisführung zu
sprechen. Umfangreiche statistische Auswertungen und ex-
perimentelle Untersuchungen sind erforderlich, um Zusammenhänge und Ursachen aufzudecken. Dennoch sollten wir
von der Richtigkeit der Thesen ausgehen, die die Existenz
langfristiger Zyklen in der Art des Bio-Jahres als gegeben betrachten, und erkennen, daß wir Menschen ein Teil der Natur
sind und nach ihren Gesetzen leben.

So ermitteln Sie den Biorhythmenstand

Wer erfahren will, welche Lage die vier Biorhythmen eines Menschen an einem bestimmten Tag aufweisen, muß eine einfache Rechenarbeit in Kauf nehmen, die in vier Schritten abläuft. Es gibt unterschiedliche Berechnungsverfahren, aber diese beruhen allesamt auf dem gleichen Prinzip. In jedem Fall sind das **Geburtsdatum** und der **Stichtag** erforderlich, da zu Beginn der Berechnung das Lebensalter, ausgedrückt in Tagen, ermittelt werden muß.

Man geht am besten in Einzelschritten vor:

Bestimmen Sie die Anzahl der Lebensjahre, die Sie an Ihrem letzten Geburtstag vollendet haben. Multiplizieren Sie diese Zahl mit 365 (oder benützen Sie als Hilfe die Tabelle auf Seite 62).

1. Schritt

Ermitteln Sie die Anzahl der Schalttage, die Sie erlebt haben (Hilfsmittel Tabelle auf Seite 63). Zählen Sie pro Schaltjahr jeweils 1 Tag der Zahl zu, die Sie im 1. Schritt erhalten haben.

2. Schritt

Zählen Sie nun noch die Tage seit Ihrem letzten Geburtstag (diesen Tag einschließlich) bis zu dem zu betrachtenden Stichtag (diesen Tag einschließlich) und addieren Sie die Anzahl der Tage zu den beiden Zahlen von Schritt 1 und 2.

3. Schritt

Das Ergebnis ist das Lebensalter in Tagen.

Die Hilfstabelle (siehe Seite 64) macht eine Kontrolle des 3. Schrittes möglich. Hierin wird die Anzahl der Tage innerhalb eines Jahres aufgelistet. Ziehen Sie die Zahl neben dem Stichtag von der Zahl neben Ihrem letzten Geburtstag ab und addieren Sie zum Ergebnis die Zahl 1.

Eventuell muß berücksichtigt werden, daß in dem Zeitraum zwischen Geburtstag und Stichtag noch ein weiterer Tag, nämlich ein Schalttag liegt.

4. Schritt

Haben Sie Ihr Lebensalter in Tagen (= die Summe der drei durch die Schritte 1, 2 und 3 ermittelten Zahlen), dann brauchen Sie nur die Zahl der Lebenstage durch die jeweiligen Rhythmenlängen (23 oder 28 oder 33 oder 38) zu teilen. Die Teilung sollte nur soweit vorgenommen werden, bis ein eventueller Rest (Resttage) übrig bleibt. Denn dieser Rest gibt an, welcher Tag des Rhythmus an dem Stichtag erreicht ist. Ergibt sich als Rest eine 0, dann wird in diesem Fall die entsprechende Rhythmenlänge (23 oder 28 oder 33 oder 38) angenommen.

Rechenbeispiel

Am Beispiel von *Michael Schumacher* soll die Berechnungsmethode vorgeführt werden.

Geburtstag: 03.01.1969
Gesuchter Rhythmenstand am: 15.01.1998

1. Schritt

Am 15.01.1998 waren 29 Lebensjahre vollendet:

29 x 365 = 10.585 Tage

2. Schritt

In den Zeitraum von der Geburt 1969 bis 1998 fallen sieben Schaltjahre:

(Achtung: Nur wer in einem Schaltjahr im Januar oder Februar geboren wurde, zählt das Geburtsjahr dazu!)

7 x 1 = 7 Tage
10.585 + 7 = 10.592

Vom letzten Geburtstag (3.1.) bis zum Stichtag (15.1.) – beide Tage einschließlich – sind weitere 13 Tage verstrichen:

10.592 + 13 = 10.605

Die einzelnen Rhythmenstände ergeben sich, indem man die Zahl der Lebenstage (= 10.605) durch die jeweiligen Rhythmenlängen (23, 28, 33, 38) teilt, wobei nur die Resttage wichtig sind:

Körper-Rhythmus: 10605 : 23 = 461 Rest 2
(Taschenrechner: 461,086)

Seelen-Rhythmus: 10605 : 28 = 378 Rest 21
(Taschenrechner: 378,75)

Geistes-Rhythmus: 10605 : 33 = 321 Rest 12
(Taschenrechner: 321,363)

Feinsinniger Rhythmus: 10605 : 38 = 279 Rest 3
(Taschenrechner: 279,078)

Lebensalter in Tagen: 10.605
Stand der Biorhythmen:
- körperlich = 2
- seelisch = 21
- geistig = 12
- feinsinnig = 3

Führt man die Divisionsaufgaben mit Hilfe elektronischer Rechenmaschinen (Taschenrechner, Computer) durch, so ergeben sich in aller Regel Dezimalstellen (Stellen hinter dem Komma), es sei denn, das Ergebnis ist ohne Rest, womit die volle jeweilige Rhythmenzahl (23, 28, 33 oder 38) erreicht ist.

Die Stellen rechts vom Komma müssen umgewandelt werden, indem man sie mit der gesuchten Rhythmenlänge multipliziert und aufrundet.

Taschenrechner

Beispiel für den Körper-Rhythmus

Hier war das Rechnerergebnis 461,086; somit ergibt:

$0,086 \times 23 = 1,978$ (aufgerundet = 2)

Die Rundungen sind erforderlich, da die Divisionsaufgaben fast immer an irgend einer Stelle vom Rechner abgebrochen werden; sie liegen also in der Eigenart der elektronischen Rechner, sollten aber keine Schwierigkeiten bereiten.

Nochmals kurz zusammengefaßt: Die Anzahl der Lebenstage von der Geburt bis zum gewünschten Stichtag wird durch die einzelnen Rhythmenlängen dividiert. Das Ergebnis zeigt links vom Komma die Anzahl der voll erlebten Biorhythmen und rechts die angefangenen Tage der neuen Periode. Dieser Kommawert muß umgewandelt und aufgerundet werden.

Umrechnung der vollen Lebensjahre in Lebenstage (jedoch ohne Schalttage)					
Jahre	Tage	Jahre	Tage	Jahre	Tage
1	365	34	12.410	67	24.455
2	730	35	12.775	68	24.820
3	1.095	36	13.140	69	25.185
4	1.460	37	13.505	70	25.550
5	1.825	38	13.870	71	25.915
6	2.190	39	14.235	72	26.280
7	2.555	40	14.600	73	26.645
8	2.920	41	14.965	74	27.010
9	3.285	42	15.330	75	27.375
10	3.650	43	15.695	76	27.740
11	4.015	44	16.060	77	28.105
12	4.380	45	16.425	78	28.470
13	4.745	46	16.790	79	28.835
14	5.110	47	17.155	80	29.200
15	5.475	48	17.520	81	29.565
16	5.840	49	17.885	82	29.930

Jahre	Tage	Jahre	Tage	Jahre	Tage
17	6.205	50	18.250	83	30.295
18	6.570	51	18.615	84	30.660
19	6.935	52	18.980	85	31.025
20	7.300	53	19.345	86	31.390
21	7.665	54	19.710	87	31.755
22	8.030	55	20.075	88	32.120
23	8.395	56	20.440	89	32.485
24	8.760	57	20.805	90	32.850
25	9.125	58	21.170	91	33.215
26	9.490	59	21.535	92	33.580
27	9.855	60	21.900	93	33.945
28	10.220	61	22.265	94	34.310
29	10.585	62	22.630	95	34.675
30	10.950	63	22.995	96	35.040
31	11.315	64	23.360	97	35.405
32	11.680	65	23.725	98	35.770
33	12.045	66	24.090	99	36.135

Anzahl der Schalttage (So viele Schalttage sind im Jahr 1998 seit dem Geburtsjahrgang vergangen)

Jahrgang	Tage	Jahrgang	Tage	Jahrgang	Tage	Jahrgang	Tage
1904	**24**	**1928**	**18**	**1952**	**12**	**1976**	**6**
1905	23	1929	17	1953	11	1977	5
1906	23	1930	17	1954	11	1978	5
1907	23	1931	17	1955	11	1978	5
1908	**23**	**1932**	**17**	**1956**	**11**	**1980**	**5**
1909	22	1933	16	1957	10	1981	4
1910	22	1934	16	1958	10	1982	4
1911	22	1935	16	1959	10	1983	4
1912	**22**	**1936**	**16**	**1960**	**10**	**1984**	**4**
1913	21	1937	15	1961	9	1985	3
1914	21	1938	15	1962	9	1986	3

Jahrgang	Tage	Jahrgang	Tage	Jahrgang	Tage	Jahrgang	Tage
1915	21	1939	15	1963	9	1987	3
1916	**21**	**1940**	**15**	**1964**	**9**	**1988**	**3**
1917	20	1941	14	1965	8	1989	2
1918	20	1942	14	1966	8	1990	2
1919	20	1943	14	1967	8	1991	2
1920	**20**	**1944**	**14**	**1968**	**8**	**1992**	**2**
1921	19	1945	13	1969	7	1993	1
1922	19	1946	13	1970	7	1994	1
1923	19	1947	13	1971	7	1995	1
1924	**19**	**1948**	**13**	**1972**	**7**	**1996**	**1**
1925	18	1949	12	1973	6	1997	0
1926	18	1950	12	1974	6	1998	0
1927	18	1951	12	1975	6	1999	0

Wer in einem Schaltjahr (Fettdruck) geboren ist:
Bis zum 29. Februar Geborene lesen die Zahl neben ihrem Geburtsjahr ab. Für ab dem 1. März Geborene gilt die nächst niedrigere Zahl des folgenden Jahres.

Abgelaufene Lebenstage vom letzten Geburtstag bis zum Stichtag (Berechnung: Stichtag – Geburtstag + 1)

Dat.	Jan.	Feb.	März	April	Mai	Juni	Juli	Aug.	Sep.	Okt.	Nov.	Dez.
1.	1	32	60	91	121	152	182	213	244	274	305	335
2.	2	33	61	92	122	153	183	214	245	275	306	336
3.	3	34	62	93	123	154	184	215	246	276	307	337
4.	4	35	63	94	124	155	185	216	247	277	308	338
5.	5	36	64	95	125	156	186	217	248	278	309	339
6.	6	37	65	96	126	157	187	218	249	279	310	340
7.	7	38	66	97	127	158	188	219	250	280	311	341
8.	8	39	67	98	128	159	189	220	251	281	312	342
9.	9	40	68	99	129	160	190	221	252	282	313	343
10.	10	41	69	100	130	161	191	222	253	283	314	344
11.	11	42	70	101	131	162	192	223	254	284	315	345

Dat.	Jan.	Feb.	März	April	Mai	Juni	Juli	Aug.	Sep.	Okt.	Nov.	Dez.
12.	12	43	71	102	132	163	193	224	255	285	316	346
13.	13	44	72	103	133	164	194	225	256	286	317	347
14.	14	45	73	104	134	165	195	226	257	287	318	348
15.	15	46	74	105	135	166	196	227	258	288	319	349
16.	16	47	75	106	136	167	197	228	259	289	320	350
17.	17	48	76	107	137	168	198	229	260	290	321	351
18.	18	49	77	108	138	169	199	230	261	291	322	352
19.	19	50	78	109	139	170	200	231	262	292	323	353
20.	20	51	79	110	140	171	201	232	263	293	324	354
21.	21	52	80	111	141	172	202	233	264	294	325	355
22.	22	53	81	112	142	173	203	234	265	295	326	356
23.	23	54	82	113	143	174	204	235	266	296	327	357
24.	24	55	83	114	144	175	205	236	267	297	328	358
25.	25	56	84	115	145	175	206	237	268	298	329	359
26.	26	57	85	116	146	176	207	238	269	299	330	360
27.	27	58	86	117	147	177	208	239	270	300	331	361
28.	28	59	87	118	148	178	209	240	271	301	332	362
29.	29	--	88	119	149	179	210	241	272	302	333	363
30.	30	--	89	120	150	180	211	242	273	303	334	364
31.	31	--	90	--	151	--	212	243	--	304	--	365

12 KAPITEL

Wer nicht rechnen will: Hilfsmittel zur schnellen Information

Außer dem erwähnten einfachen Verfahren der schriftlichen Berechnung gibt es noch andere Möglichkeiten, um die gesuchten Biorhythmus-Daten zu ermitteln.

Einige Verfasser von Büchern über Biorhythmik haben Tabellen entwickelt, die auf einem System von **Schlüsselzahlen** aufgebaut sind. Aus getrennten Tabellen der Geburtstagszahlen, der Geburtsjahreszahlen und der Monatsstichzahlen werden dabei für jeden Rhythmus drei zweistellige Zahlen herausgelesen; die weitere Rechenarbeit besteht aus einer Addition und einer Subtraktion, es entfällt das Multiplizieren und Dividieren sowie das Beachten des Restes. Vorteilhaft ist auch, daß die Berücksichtigung der Schaltjahre in den Tabellen schon erfolgt ist, womit eine Ursache von Irrtümern beseitigt sein dürfte. Der Nachteil der Schlüsselzahlentabellen liegt in dem Umfang, der bis zu 12 Druckseiten umfassen kann. Damit ergibt sich eine gewisse Unhandlichkeit, da es mühsam ist, die richtigen Zahlen abzulesen.

Oft werden als Rechenhilfen **Bioscheiben** und **Bioschieber** genannt. Die den bekannten Rechenschiebern ähnliche äußere Form darf nicht darüber hinwegtäuschen, daß es sich nicht immer um »Rechner« handelt. So muß meist der Stand der Rhythmen für einen bestimmten Stichtag zunächst rechnerisch ermittelt werden. Dann wird der Schieber oder die Scheibe eingestellt. Der Vorteil dieser Hilfen besteht darin, daß man die Rhythmenkonstellation für einen längeren Zeitraum überschauen kann, also ein Rhythmogramm in Händen hat, das den Verlauf des Wechselspiels der Rhythmen zeigt und Vorausbestimmungen erlaubt. Die bei diesen Scheiben und Schiebern eingeführten Farben (K = Rot, S = Blau, G = Grün, F = Schwarz) haben sich allgemein auch bei anderen Hilfsmitteln durchgesetzt.

Das Prinzip der Bioscheibe kommt jedoch in gelungener Weise bei einer **Bio-Uhr zur** Geltung. Sie geht auf den Schweizer Ingenieur *Hans Früh* zurück. Es lag nahe, die Zeitangaben einer Uhr so mit den Angaben des Rhythmenstandes zu koppeln, daß der Träger der Uhr jederzeit den für ihn geltenden Rhythmenstand erkennen kann; neben der äußeren Uhrzeit kann er somit auch die der »inneren Uhr« ablesen. In einem Fenster des Zifferblattes einer derartigen Uhr erscheinen drei Felder für die drei Rhythmen und geben Aufschluß darüber, an welchem Tag eines jeden Rhythmus der Besitzer der Uhr sich befindet. Auch hier ist die Übersicht über den weiteren Ablauf der Rhythmen gegeben. Die Uhr muß auf die persönlichen Daten des Trägers eingestellt werden. Bleibt sie für längere Zeit stehen, etwa wenn die Batterie leer ist, muß sie erneut eingestellt werden. Außerdem muß man bedenken, daß immer nur die Rhythmenkonfiguration angezeigt wird, die für den Menschen gilt, dessen Ausgangsdaten programmiert wurden.

Die Bio-Uhr zeigt an, an welchem Tag eines jeden Rhythmus sich ihr Besitzer gerade befindet.

Schließlich sind noch die Hilfsmittel zu erwähnen, die die Elektronik mit ihren vielfältigen Möglichkeiten zur Verfügung gestellt hat. Es sind wirkliche »Rechner«, deren Handhabung so kinderleicht ist, wie die der bekannten Taschenrechner für die vier Grundrechenarten.

Recht nützliche, universell anwendbare Begleiter sind technisch-wissenschaftliche **Grafikrechner**, neuerdings auch mit großem Drei-Farben-Display kombiniert mit weiteren Anwendungsmöglichkeiten für Schule, Studium und Beruf. Programmiert mit einem Biorhythmik-Programm lassen sich

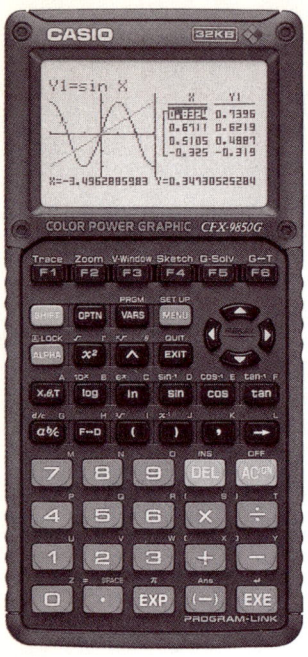

Grafikrechner mit dreifarbigem Display: CASIO Modell CFX-9850G mit der Möglichkeit eines zusätzlichen Biorhythmik-Programms

die persönlichen Kurvenbilder problemlos für Wochen darstellen. Diese Rechner haben sich seit Jahren als nützliche, universell anwendbare Begleiter bewährt.

Wer ernsthaft bestrebt ist, sein Leben künftig unter Berücksichtigung seiner Biorhythmen zu gestalten, wird sich meist für ein technisches Hilfsmittel entscheiden, um möglichst sicher, mühelos und rasch das Rechenergebnis umzusetzen und darzustellen. Im Computerzeitalter werden die verschiedensten **PC-Software-Programme** angeboten, die vom endlosen Suchen und Berechnen aus Tabellen befreien. Nach Eingabe von Geburts- und Abfragedatum lassen sich entweder die gewünschten Kurven am Bildschirm anschauen oder der Biorhythmus für eine oder mehrere Personen kalendermäßig ausdrucken. Neben den Sinuskurven sind in letzter Zeit auch die Sägezahnkurven im Angebot, wobei zusätzlich die Kombination mit den Mondphasen von Interesse ist.

Das persönliche Rhythmoskop: Hochlagen, Tieflagen, Mischphasen

»Es ist nicht genug zu wissen,
man muß es auch anwenden.«
Johann Wolfgang von Goethe

Die zeichnerische Umsetzung der berechneten Zahlenkolonnen in ein Rhythmoskop (= Schau der Biokurven) oder in ein Rhythmogramm erleichtert das Verständnis für den Rhythmenstand eines beliebigen Tages in der Vergangenheit, Gegenwart oder Zukunft. Nicht jeder kann mit einem reinen Zahlenergebnis etwas anfangen.

Ähnlich ist es beispielsweise mit der Angabe des Barometerstandes, bei dem der Luftdruck in einer Zahl (Maßeinheit: Millibar) angegeben wird. Dagegen zeigt ein Blick auf den Zeiger eines Barometers sofort an, ob eine Hoch- oder Tiefdrucklage besteht und welche Tendenz zu erwarten ist.

Da die Biorhythmen in gleichbleibenden Intervallen mit bestimmter Periodenlänge um eine Null-Lage schwingen, lassen sich diese grafisch darstellen. Üblich sind Monats-, Halbjahres- oder Jahresrhythmoskope, bei denen die einzelnen Biorhythmen in Gestalt von kreis- oder sinusförmigen Kurven, mitunter auch linear wiedergegeben werden.

Beginn und Startpunkt ist in jedem Falle der Geburtstag, noch besser die Geburtsstunde. Durch die verschieden langen

Im Rhythmogramm sind die Biorhythmen als Kurven dargestellt.

Üblich sind Monats-, Halbjahres- und Jahresrhythmoskope.

Tagesperioden ergeben sich unterschiedliche Rhythmenbilder. Nach 644 Tagen wiederholen sich die Körper- und Seelenkurven und nach 21252 Tagen Körper-, Seele- und Geistkurve. Jedes Rhythmoskop kann für drei verschiedene Zeitstufen berechnet und erstellt werden und zwar je nach Sinn und Zweck:

1. für einen vergangenen Zeitabschnitt
2. für die gegenwärtige Situation
3. für ein zukünftiges Datum

Wichtig

Ein Rhythmoskop ist nichts anderes als ein Abbildungsmuster der periodischen Tendenzen, damit man Hinweise auf die zeitbezogene Qualität eines Tages erhält. Da Biorhythmik nicht der Glaube an den Einfluß der inneren Uhr ist, sondern nur der Entschleierung der unsichtbaren Zeiger dieser »Uhr« dient, kann auch ein Rhythmoskop keine gute oder schlechte Position ankündigen. Erst unser Tun und Lassen bestimmen die Situation, die immer im Zusammenhang mit inneren und äußeren Bedingungen beurteilt werden muß.

Bei Hochphasen befinden sich einzelne oder mehrere Kurven oberhalb der Null-Linie und bei Tiefphasen unterhalb. Als Mischphasen bezeichnet man Kurvenbilder, bei denen einzelne Kurven oberhalb und gleichzeitig andere unterhalb sichtbar sind. Die in diesem Buch verwendeten Zeichen, Symbole und Benennungen finden Sie auf der vorderen Umschlaginnenseite.

Biorhythmische Doppelhochphasen (Körper und Seele im oberen Kurvenfeld)

Biorhythmische Doppelhochphasen können folgende Auswirkungen auf die Leistungsfähigkeit haben:

1. Gute Antriebsentfaltung und Spannkraft
   (Arbeitslust bringt mehr Erfolge)
2. Optimistische Grundhaltung
   (begünstigt wichtige Vorhaben wie Operation, Reise, Prüfung)
3. Intensive Erlebnisfähigkeit
   (nicht nur in der Liebe, sondern allgemein im Alltag oder in der Freizeit)
4. Allgemeine Daseinslust
   (beflügelt die Willenskraft)
5. Auffallende Entscheidungsfreude
   (aufgeschobene Entschlüsse werden leichter durchgeführt)
6. Verringerte Schmerz- und Leidensempfindlichkeit
   (läßt weniger Mißbehagen aufkommen)
7. Bessere gesundheitliche Kondition
   (erhöht Widerstandskraft gegen Krankheiten und bremst Schwächeneigung)
8. Zunehmendes Kräftepotential
   (ermöglicht Zusatzbelastungen bei Arbeit, Sport und Spiel)
9. Verstärkte Durchsetzungskraft und Ausdauer
   (verbessert Erfolgs- und Siegesaussichten)
10. Wachsende Selbstüberschätzung
    (vorhandene Möglichkeiten werden falsch bewertet und steigern die Unfallgefahr)

Aus vielen Aufzeichnungen wissen wir, welche Stimmungslagen Menschen erlebt haben. Besonders interessant sind Berichte von berühmten Persönlichkeiten, die diese vor vielen Jahren niedergeschrieben haben, als die Biorhythmik noch völlig unbekannt war. *Sigmund Freud*, der Begründer der Psychoanalyse, schrieb am 25.05.1895 am Ende einer vierfachen Hochphase an seinen Freund *Wilhelm Fließ*: »Ich hatte unmenschlich viel zu tun und bin nach zehn- bis zwölfstündiger Neurosenarbeitszeit regelmäßig unfähig gewesen, zur Feder zu greifen.«

So nützen Sie Hochlagen

Nehmen Sie wichtige Vorhaben in Angriff

Mit neuer Energie und vollem Einsatz lassen sich jetzt gute Lösungsmöglichkeiten erreichen. Die ausgezeichnete Konstellation verspricht Superchancen auf vielen Gebieten, sei es privat, beruflich oder gesundheitlich. Geben Sie Ihren Vorstellungen und Wünschen Raum und erwarten Sie angenehme Überraschungen und siegreiche Erlebnisse, zum Beispiel bei Fernreisen, im Leistungssport oder bei Verhandlungen, Behandlungen, Eingriffen oder Erholungskuren. Nur allzu forsches Auftreten oder eine übertriebene Kraftentfaltung kann zu Nachteilen führen. Schmieden Sie in diesen Tagen das Eisen, so lange es heiß ist, und meistern Sie Ihr Leben mit der notwendigen Entschlossenheit.

Ideal für Hochlagen: eine Fernreise in die Tropen

Genießen Sie das Leben

Denken Sie in frohen und gesunden Stunden oder Tagen nicht angstvoll an die Zukunft. Vermiesen Sie sich nicht die Gegenwart mit trübseligen Gedanken. Genießen Sie die

Gunst der Stunde, vielleicht sind Ihre Bedenken umsonst. Wer das Leben liebt, den liebt auch das Leben. Vertrauen Sie auf die innere Führung und seien Sie zufrieden.

Werden Sie aktiv und steuern Sie neue Ziele an

Streben Sie beruflich nach höheren Zielen, lernen Sie neue Techniken kennen, vergrößern Sie Ihr Aufgabengebiet. Verteidigen Sie im Privatleben Ihre Rechte, erledigen Sie wichtige Dinge und beleben Sie Ihre Vorstellungsbilder. Schätzen Sie Ihre Fähigkeiten sehr hoch ein. Strengen Sie sich mehr als üblich an, beseitigen Sie bewußt hinderliche Widerstände und Gegenkräfte. Überwinden Sie seelische Hemmungen und wandeln Sie negative Gewohnheiten in positive um.

Freunden Sie sich mit Dingen an, die Sie befürchten

Auch Niederlagen sind ein notwendiger Bestandteil unseres Lebens. Jedem Höhepunkt folgt unvermeidlich ein Tiefpunkt, so wie auf schönes, warmes Wetter trübe und kalte Tage folgen. Alles Leben ist ständigen Veränderungen unterworfen, und dieses Lebensgesetz sollten Sie akzeptieren. Alles hat seine Zeit und alles ändert sich im Laufe der Zeit; wer diese Erkenntnis sieht, hat es im Leben leichter.

Akzeptieren Sie, daß sich alles im Leben ständig verändert.

Biorhythmische Doppeltiefphasen (Körper und Seele im unteren Kurvenfeld)

Biorhythmische Doppeltiefphasen können folgende Auswirkungen auf den Gemütszustand haben:
1. Pessimistische Grundstimmung
   (führt zu einer negativen Lebensbetrachtung und verdüstert Gegenwart und Zukunft)
2. Verringerte Konzentrationsfähigkeit
   (sie kann zu einem Fehlverhalten, etwa im Straßenverkehr führen)

3. Vermindertes Selbstvertrauen
(stört die Handlungsfähigkeit und läßt Zweifel an den eigenen Fähigkeiten aufkommen)
4. Plagende Schuldgefühle
(lähmen im Umgang mit anderen)
5. Persönliche Schlafstörungen
(Schwierigkeiten beim Ein- und Durchschlafen mindern die Erholungsphasen)
6. Ungewöhnliche Appetitlosigkeit oder -zunahme
(bringen auf Dauer gesundheitliche Probleme)
7. Andauernde Müdigkeit
(Schwunglosigkeit trotz ausreichender Ruhepausen)
8. Auffallende Lustlosigkeit
(die Anteilnahme an Aktivitäten nimmt stark ab)
9. Allgemeine Interesselosigkeit
(der Wissensdrang und die Lernbegierde lassen spürbar nach)
10. Freudlose Grundstimmung
(die Erfüllung von langgehegten Wünschen läßt keine Freude aufkommen, auch die Beteiligung an gemeinsamen Erlebnissen regt nicht an)

Der mit dem Entdecker der Biorhythmen eng befreundete Nervenarzt *Sigmund Freud* beklagte am 01.05.1898 im Alter von knapp 42 Jahren seine Lebensunlust in einer vierfachen Tiefphase mit den Worten: »Ich bin wie verschmachtet, irgendein Quell in mir trocknet ein und alles Empfinden wird so dürr. Ich will nicht zuviel beschreiben; es sähe sonst dem Klagen zu sehr gleich. Du wirst mir sagen, ob es das Alter, ob nur eine der vielen periodischen Schwankungen ist.«

So überwinden Sie Tieflagen

Niedergeschlagen und entmutigt ist jeder Mensch einmal. Hier erfahren Sie, was Sie gegen eine depressive Phase tun können:

Verschaffen Sie sich Bewegung

Die Praxis zeigt, daß Bewegungstherapie ein bewährter Stimmungsheber ist, weil sie chemische und physiologische Veränderungen im Körper erzeugt, die sich auf das Gemüt vorteilhaft auswirken. Rasches Gehen, Jogging, Aerobic oder Seilspringen sind besser als einfach nur herumzusitzen und zu grübeln.

Zwingen Sie sich täglich zu etwas Bewegung möglichst an frischer Luft – und sei es nur ein kurzer Spaziergang, etwas Gartenarbeit oder Sport.

Bewegung an frischer Luft hebt die Stimmung.

Achten Sie auf richtiges Essen und Trinken

Bei empfindlichen Menschen kann eine einzige ernährungsbedingte Mangelerscheinung zu Depressionen führen. Mediziner empfehlen vitamin- und aminosäurereiche Speisen, vor allem Vitamin-B-reiche Kost wie Vollkornbrot, Fisch, Gemüse oder Eier.

Verzichten Sie auf Alkohol und künstliche Stimmungsaufheller (Medikamente oder Drogen).

Stellen Sie sich den Gegebenheiten

Setzen Sie sich mit der Realität auseinander und betrachten Sie die Dinge aus positiver Sicht. Entwickeln Sie ein Programm, das Ihnen Freude bereitet und Sie ablenkt. Erledigen Sie Aufgaben im Haus oder treffen Sie sich mit Bekannten oder Freunden. Gewöhnen Sie sich an regelmäßige Ruhezeiten.

Suchen Sie Kontakt zu anderen Menschen

Bleiben Sie nicht allein mit Ihren Problemen und Sorgen. Suchen Sie Menschen, mit denen Sie Freud und Leid teilen können, und beteiligen Sie sich an gemeinsamen Unternehmen oder Veranstaltungen (z.B. im Sport, auf Reisen, bei Theateraufführungen).

Teilen Sie Freude und Leid mit anderen Menschen.

Eine Wanderung mit Freunden hilft über die Tieflage hinweg.

Ersuchen Sie notfalls um ärztliche Hilfe

Eventuell ist Ihr Gemütstief auf eine hormonelle Störung zurückzuführen. Ein Facharzt kann überprüfen, ob Ihre Schilddrüsenfunktion oder auch Ihr Adrenalinspiegel in Ordnung ist. Sprechen Sie Ihren Arzt auch darauf an, ob nicht Nebenwirkungen von eingenommenen Medikamenten vorliegen können.

Laden Sie Ihre Seele mit positiven Kräften auf

Gebete helfen, sich neu zu besinnen.

Erfahrungen von vielen Menschen zeigen, daß Gebete – gesprochen oder gesungen – »Vitamine« für die Seele sind. Die Teilnahme an Gottesdiensten oder Pilgerfahrten kann im wahrsten Sinne wunderbar sein. Für den Hausgebrauch gibt es empfehlenswerte CDs, beispielsweise mit religiösen Liedern und Mantras.

Befolgen Sie den Hinweis von *Johann Wolfgang von Goethe*: »Mein Rat, nichts zu forcieren und alle unproduktiven Tage und Stunden lieber zu vertändeln und zu verschlafen, als in solchen Tagen etwas machen zu wollen, woran man später keine Freude hat.«

Sind Wechseltage Schicksalstage?

Im Laufe des Jahres erlebt jeder Mensch, gleich welchen Alters und Geschlechts, eine ganze Serie von sogenannten periodischen Wechseltagen, an denen sich ein Langzeit-Rhythmus weder im Hoch noch im Tief befindet. An einem derartigen Tag schneidet, bei der Darstellung des Verlaufs der drei Lebensschwingungen (23, 28, 33 und 38 Tage) durch Sinuskurven, die jeweilige Kurve des einzelnen Rhythmus die waagrechte Zeitachse (X-Achse), während bei der linearen Darstellung (so beim Bioschieber und bei der Bioscheibe) das Symbol oder die Farbe wechselt oder bei der Bio-Uhr ein Blinkzeichen sichtbar wird.

So wechselt beispielsweise die Körperkurve durchschnittlich 32mal und die Seelenkurve 26mal. Es kommt sehr darauf an, daß Sie diese Übergangstage nicht einzeln beurteilen; sehen Sie diese immer im Zusammenhang mit der Position der anderen Biorhythmen und auch der Allgemeinsituation.

In der englischsprachigen Literatur werden diese biorhythmischen Übergangstage allgemein »caution days« (caution = Vorsicht, Warnung) genannt; im deutschen Sprachraum hat sich der Name »kritische Tage« eingebürgert. Diese Bezeichnung darf allerdings nicht zu der Auffassung führen, daß periodische Tage in jedem Fall und von vornherein kritisch im Sinne von verhängnisvoll oder unglückbringend sind.

Nicht immer, nicht einmal meistens, aber wenn ein Mensch in Unkenntnis oder Mißachtung seiner Biorhythmen nicht situationsgerecht reagiert, setzt er den Mechanismus in Gang, der zu kritischen Folgen führen und ungünstige Auswirkungen haben kann. Andererseits bedürfen äußere schadens-

An periodischen Wechseltagen befindet sich ein Langzeit-Rhythmus weder im Hoch noch im Tief.

trächtige Ereignisse erst des Zusammentreffens mit einem kritischen Tag, um sich für den betroffenen Menschen tatsächlich verhängnisvoll auswirken zu können. Beispiele aus der Unfallforschung gibt es zuhauf, einige davon finden Sie auf Seite 92ff.

So wie Sie nicht unbedingt einen Einbruch befürchten müssen, wenn Sie Ihre Haustüre einmal nicht verschlossen haben, so sollten Sie trotzdem dies nicht zur Regel werden lassen, wenn Sie nicht früher oder später unangenehme Überraschungen erleben wollen. An periodischen Tagen können die negativ zu wertenden Anzeichen sehr unterschiedlicher Art sein: Die Skala reicht von leichter Unsicherheit, von Zerstreutsein und unmotivierter Gereiztheit bis zu auffälligem Fehlverhalten. Körpereigene Abwehrkräfte lassen vorübergehend nach, und es kommt zu plötzlichen Änderungen im Allgemeinbefinden. Krankheitssymptome werden erkennbar, man konstatiert Migräne, Krämpfe, Koliken, Embolien, Herzattacken und epileptische Anfälle. Wiederholt aber wurden auch schlagartige Besserungen bestehenden Unwohlseins an periodischen Tagen beobachtet.

Beachten Sie

> Die Berechnung des Verlaufs der Biorhythmen läßt es zu, daß das Auftreten erhöhter Anfälligkeiten sich auf den Tag genau voraussagen läßt. Dadurch ist es sehr wohl möglich, die Situation zu entschärfen und die schädlichen Einflüsse zu neutralisieren.

Unvermeidlich bleibt, daß der Tag des Rhythmuswechsels mit seinen spontanen Störungen normaler körperlicher, geistiger und seelischer Funktionen besondere Gefahren mit sich bringt, aber – und das sei hier besonders herausgestellt – er kann sich nachteilig erst auswirken, wenn mehrere sogenannte Risikofaktoren zusammentreffen und sich addieren bzw. durch gegenseitige Einwirkung sogar multiplizieren.

Diese Erkenntnis hat sich aufgrund der Auswertung von Statistiken über das Unfallgeschehen durchgesetzt; fast nie hat ein einziger Umstand das Unglück alleine herbeigeführt. Zahlreich sind oft die beitragenden Begebenheiten, von denen jede einzelne durchaus nicht verhängnisvoll war, sondern erst durch die Häufung unfallauslösende Wirkung hatte.

Mögliche Risikofaktoren für einen Unfall

1. **Ungünstige Rhythmenlage**
   Periodischer Wechseltag, extreme Tieflage
2. **Unvorteilhafte äußere Bedingungen**
   Behinderung durch schlechtes Wetter (Sturm, Glatteis, Nebel); mangelhafte Ausrüstung: Einfluß von Alkohol, Drogen, Medikamenten
3. **Körperliche oder seelische Beeinträchtigungen**
   Beruflicher oder familiärer Ärger, Probleme, Streß, Übermüdung, Zeitdruck, hohes Alter
4. **Unfallgeneigte Tätigkeiten im Beruf, Haushalt oder Freizeit**
   Beispielsweise Extremsport (Kunstfliegen, Tauchen, Bergsteigen) oder der gefährliche Arbeiten

Man mag erkennen, wie von Stufe 4 bis Stufe 1 eine höhere Plattform der Gefährdung erreicht wird, bis schließlich die Ungunst der Rhythmensituation den Unfall auslöst, vergleichbar dem berühmten Tropfen, der den Krug zum Überlaufen bringt.

Beispiel

Ein geradezu typisches Beispiel dafür ist der tragische Unfalltod von *Prinzessin Diana* am 31. August 1997, der durch den Fahrer *Henri Paul* verursacht wurde.

Er war den Berichten zufolge bei seiner mitternächtlichen Fahrt durch Paris durch privaten Kummer und den damit verbundenen Genuß von Alkohol und Beruhigungsmitteln stark beeinträchtigt; zudem sprach die vierfache Tiefphase seiner Biorhythmen für eine starke Einschränkung seiner Wahrnehmungs- und Reaktionsfähigkeit. So wird nachträglich gut erklärbar, warum der Unglücksfahrer bei überhöhter Geschwindigkeit die Herrschaft über den von ihm gesteuerten Wagen verloren hat.

Biorhythmoskop
Name: Henry Paul
Geb.: 03.07.1956
Std.: 0:00
Dat.: 8/1997

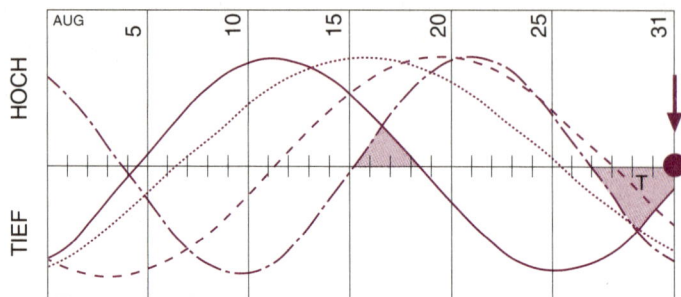

Schlußfolgerung

Ist man sich jedoch der Lage bewußt und schränkt an periodischen – den »kritischen« – Tagen das Risiko ein, indem man einen oder mehrere der erwähnten Faktoren ausschaltet und sich auf seinen inneren biorhythmischen Zustand einstellt, dann bleiben unliebsame Überraschungen aus und man vermeidet das In-Gang-Setzen des Überlauf-Mechanismus. So wird die Gefährdung abgebaut, und das Schicksal kann nicht zuschlagen.

Erste Voraussetzung zu derartigem Handeln ist die Kenntnis der eigenen Rhythmenlage, die durch einen Blick auf das Rhythmogramm oder den Biorechner gewonnen wird. Zweite Voraussetzung wäre sodann die vernunftgemäße Berücksichtigung dieser Rhythmenlage bei der persönlichen Planung des beruflichen und privaten Tagesablaufs. Wer so mit mehr Umsicht, mehr Überlegung, mehr Vorsicht sein Programm gestaltet, baut automatisch die Stufen ab, die zur Gefährdung, zu einem Unglücksfall oder Schicksalsschlag führen. Er wendet bewußt die neue Lebenshilfe Biorhythmik an und läßt Tage des Rhythmenwechsels erst gar nicht zur Wirksamkeit gelangen.

Die geheimnisvolle Macht des Mondrhythmus

»Ein Dach aus Blättern
schützt den weisen Mann
vor den Feuern der Sonne;
aber gegen den lockenden
Mond gibt es keine Arznei.«
(Altindische Weisheit)

In den letzten Jahren ist das Thema **Mond** stark in den Vordergrund des Interesses gerückt und jahrhundertelang vergessene, aber auch neu gewonnene Tips für die Anwendung eines täglichen Mondkalenders werden überall angeboten. Schon in den mythischen Überlieferungen vieler Völker spielt neben der Sonne auch der Mond eine ganz besondere Rolle. Die Menschen sind seit undenklichen Zeiten der Meinung, daß der Erdtrabant eine geheimnisvolle Macht auf Menschen, Tiere und Pflanzen auszuüben imstande sei.

Der Einfluß des Mondes spielt in den Mythen vieler Kulturen eine große Rolle.

So läßt der englische Dichter *William Shakespeare* in seiner Komödie »Maß für Maß« den Herzog Vincention ausrufen: »Deine Stimmung wechselt seltsam, je nach dem Mond.« Und *Johann Wolfgang von Goethe,* bei Vollmond geboren und lebenslang vom Erdtrabanten fasziniert, hat an Zusammenhänge zwischen dem menschlichen Schicksal und dem Mond geglaubt. Sein Lied »An den Mond« beginnt mit der Strophe:

Füllest wieder Busch und Tal
still mit Nebelglanz,
lösest endlich auch einmal
meine Seele ganz.

*Ebbe und Flut
zeigen eindrucks-
voll den Einfluß
des Mondes auf
die Erde.*

Die Mondzyklen
in der Forschung

Der Mond hat eine Umlaufzeit von 29,5 Tagen (synodischer Monat), und da er in dieser Zeit seine Phasen wechselt, erfordert jede wissenschaftliche Überprüfung von überlieferten Erfahrungen, Hypothesen und Theorien viel Geduld und vor allem viel Zeit. Der Zeitraum der erforderlichen Beobachtungen muß sich über Monate, ja über Jahre erstrecken, und mit rasch errungenen Erfolgen und spektakulären Meldungen kann kein Forscher rechnen.

Heute werden durch den Mond gesteuerte periodische Ereignisse von keinem ernstzunehmenden Naturwissenschaftler geleugnet; dank sich häufender Forschungsergebnisse findet man endlich den Mut, Mondabhängigkeiten zuzugeben. Wenn es vor einigen Jahren noch hieß: »Gibt es einen Mondeinfluß auf den Menschen?«, so gilt es nunmehr als sicher, daß der Erdtrabant einen nicht zu übersehenden – aber nicht einen ausschließlichen – Einfluß auf Empfängnis, Geburt, Wachstum, Verfall und Tod ausübt.

Das Phänomen der Gezeiten ist wohl das auffälligste Beispiel für die Einwirkungen des Mondes auf die Erde. Die Anziehungskraft der Mondmasse erzeugt in den Weltmeeren Ebbe und Flut, und wer das großartige Schauspiel einer Flut einmal selbst erlebt hat, der ist tief beeindruckt von den großen Energien, die bei diesem Wechselspiel der Wassermassen umgesetzt werden. Der Wasserspiegel hebt und senkt sich auf hoher See um durchschnittlich 35 Zentimeter, aber an Küsten und Buchten wird ein meterhohes Steigen und Fallen beobachtet. An extremen Stellen wie in der kanadischen Bucht von Fundy kommt es sogar zu einem Wasserstandsunterschied von 17 bis 20 Metern.

Wenn wir in der wissenschaftlichen Literatur Berichte zum Mondeinfluß auf Lebewesen suchen, stoßen wir auf das eindrucksvolle Beispiel des Palolowurmes, eines etwa 10 cm langen Meerestieres, das in der Südsee beheimatet ist. Der Palolowurm lebt in den Korallenriffen rund um die Samoa-Inseln und bleibt ständig am Meeresboden. Nur einmal im Jahr, etwa im Oktober/November, und zwar jeweils einen Tag vor Neumond, kommt er zum Zwecke der Fortpflanzung an die Oberfläche und stößt den die Geschlechtsteile enthaltenden hinteren Körperteil ab. Die bewegte Meeresoberfläche sorgt für die erforderliche Durchmischung männlicher und weiblicher Teile, wodurch die Befruchtung eintritt.

Es kann kein Zweifel darüber bestehen, daß bei diesem Vorgang ein Zusammenhang mit den Mondphasen besteht, zumal ähnliche Erscheinungen auch bei anderen niederen Lebewesen im Meere beobachtet wurden. Das Max-Planck-Institut in Tübingen hat sich der Frage angenommen, ob diese auffälligen Periodizitäten an bestimmte Orte gebunden sind, und Experimente mit eigens gezüchteten Meeres-Ringelwürmern gemacht. Dabei wurde festgestellt, daß »auch unter konstant gehaltenen und exakt kontrollierbaren Kulturbedingungen ein mondabhängiges Schwärmen zu beobachten« ist.

Beachten Sie

Auch der Fortpflanzungstrieb beim Menschen wurde immer wieder mit den Vorgängen des Mondwechsels in Verbindung gebracht. Vor allem aber glaubte man, daß die Monatsblutungen der Frauen in irgendeiner Verbindung mit den Mondzyklen stehen könnten.

Den in diese Richtung zielenden Mutmaßungen gingen in der Zeit um 1930 die Frankfurter Wissenschaftler *Prof. Dr. Heinrich Guthmann* und *Dr. Oswald* nach. Aus etwa 10.000 ausgewerteten Daten ergab sich eine starke Häufung des Menstruationstermins zu Zeiten des Neu- und des Vollmondes sowie ein auffälliges Sinken der Zahlen auf weniger als die

Hälfte unmittelbar vor diesen Mondphasen. Die beiden Forscher waren von den Ergebnissen ihrer Untersuchungen überrascht, bewiesen diese doch einwandfrei, daß »die Menstruation ein biologischer Vorgang ist, der zwar durch innersekretorische Vorgänge vorbereitet und gesteuert wird, aber im speziellen Fall eine rhythmische Beeinflussung durch äußere Faktoren erfahren kann«. Es ist – so folgerten sie – »kein Zweifel daran, daß dieser Rhythmus der Auslösung der Menstruation zeitlich dem Mondphasenverlauf koordiniert ist«.

Der Frankfurter Forscher *Prof. E. de Rudder,* der sich mit den sogenannten »kosmischen« Rhythmen beim Menschen beschäftigt hat, äußerte sich zum Thema wie folgt: »Die Menstruation ist naturgemäß – ganz wie die Körpertemperatur beim Tagesrhythmus – auch wieder nur als gut faßbarer Testvorgang für ein mondgesteuertes Geschehen aufzufassen.« Obwohl *de Rudder* die Diskussion über mondperiodische Einflüsse erneut in Gang gebracht hatte, warnte er als verantwortungsbewußter Mediziner eindringlich davor, der von ihm als unseriös betrachteten Astrologie Beweismaterial für deren Behauptungen zu liefern.

Bei Vollmond kommt es zu einer – statistisch nachgewiesenen – Häufung von Geburten.

Naturgemäß besteht auch ein Zusammenhang zwischen Mondzyklus und Ovulation (Eisprung, Auslösung eines befruchtungsfähigen Eies aus dem Eierstock), die mit der Menstruation eng gekoppelt ist. Darüber hinaus jedoch lassen sich ferner merkwürdige Terminübereinstimmungen zwischen Mondrhythmus und den Vorgängen der Empfängnis und Geburt feststellen.

Die Befunde von *Svante Arrhenius* ergaben bei 24.000 statistisch erfaßten Geburten in Schweden deutliche Häufungen zu Zeiten entsprechender Mondphasen. Analysen anderer Forscher und Erfahrungen von Hebammen und Krankenschwestern in den Entbindungsstationen von Kliniken rechtfertigen die Feststellung, daß die Zahl der Geburten zur Zeit des Vollmondes merklich ansteigt.

> Ganz offensichtlich besteht ein Zusammenhang zwischen Mondposition, sexuellem Verlangen der Frau, Empfängnisbereitschaft, Befruchtung und Geburt.

Das kann nun auch nicht mehr überraschen, wenn man sich vergewissert, daß die Zeitspanne zwischen Konzeption und Geburt, meist etwa mit 9 Monaten angegeben, recht genau der Zeit von 9 synodischen Mondmonaten, mithin 9 x 29,5 = 265,5 Tagen entspricht.

Mond- und Biorhythmen: Einfluß, Einbildung oder Realität?

Wir haben also erfahren, daß der Mond durch die Einwirkung seiner Masse auf die Masse der Erde unbestreitbar auch einen Einfluß auf den einzelnen Menschen ausübt. Es stellt sich nun die Frage, ob er damit auch das biorhythmische Geschehen im Menschen beeinflußt.

In kritischen Phasen kann sich der Mond negativ auf die Biorhythmen auswirken.

Erste Versuchsreihen zur Klärung dieser wichtigen Frage haben ergeben, daß eine Beeinträchtigung insofern vorliegt, als eine Auslösung üblicherweise nicht bemerkbarer biorhythmischer Störfaktoren durch kosmische Vorgänge erfolgen kann. Besonders auffallend dabei ist, daß ein biorhythmischer Phasenwechsel vom Hoch zum Tief und auch umgekehrt sich dann als kritisch erweist, wenn bei der betreffenden Person zur Zeit des biorhythmischen Wechsels die gleiche oder genau entgegengesetzte Mondphase herrscht wie zur Zeit ihrer Geburt. Es bestehen hier offensichtlich recht interessante Zusammenhänge, die noch einer weitergehenden Erforschung bedürfen.

Halten wir fest: Wenn zum Beispiel bei einem Menschen zur Zeit seiner Geburt der Vollmond am Himmel stand, wird bei einer biorhythmisch ungünstigen Lage, an einem Wechseltag oder bei einem gleichzeitigen Tief zweier Rhythmen, der ungünstige Einfluß dann besonders wirksam sein, wenn gleichzeitig wiederum der Vollmond scheint.

Beachten Sie

> Periodische Wechseltage der Biorhythmik werden durch Mondeinfluß gefahrenträchtiger, wenn sie in dieselbe Mondphase fallen, die zur Zeit der Geburt vorgelegen hat.

Markante Beispiele für diese Aussage liefern die Fälle der sogenannten »Vollmondmörder«. Geboren zur Zeit des Vollmonds, haben sie meist bei Vollmond ihre kriminelle Tat begangen. Es sei hier auf den Fall *Manfred Pongratz* (*23.04.1940) hingewiesen, der am 19.10.1967 nachts im Affekt eine Frau ermordete, und zwar an einem Tag, der für ihn in doppelter Hinsicht verhängnisvoll war:

Die Konstellation der Biorhythmen war unübersehbar ungünstig, außerdem wirkte sich die Mondphase in dem oben dargelegten Sinne aus.

Auch weitere Beispiele stützen die aufgestellte These: So der Dichter *Börries von Münchhausen* (*20.03.1874), der am 16.03.1945 freiwillig aus dem Leben schied. Neben der belastenden Rhythmen-Situation (= Schaltphase ins Hoch) waren an beiden Ereignisdaten Sonne und Mond in den Zeichen Fische und Widder.

Als weitere Beispiele seien noch erwähnt der Freitod des italienischen Literaturwissenschaftlers und Journalisten *Cesare Pavese* und der Schriftstellerin *Sandra Paretti*. Bei *Pavese*, zur Vollmondzeit am 09.09.1908 geboren, fällt auf, daß sich an seinem Todestag (27.08.1950) dieselbe Sonne-Mond-Konstellation (= Jungfrau/Wassermann) wiederholt hatte. *Sandra Paretti*, die Erfolgsschriftstellerin und Co-Autorin der TV-Serie »Das Traumschiff«, litt an einer unheilbaren Krankheit. In ihrer Villa am Zürichsee nahm sie Gift und ging friedlich in eine andere Welt, als ginge sie in ein anderes Leben. Geboren um die Neumondzeit, als der Mond in den Fischen stand, nahm sie Abschied wiederum zur Neumondzeit, als Sonne und Mond sich im Zeichen Fische aufhielten und ihre Biokurven eine Störanfälligkeit anzeigten. Sie hatte einmal über ihren Hauptcharakterzug geschrieben: »Das hängt vom Mond ab. Bei Neumond bin ich weltabgewandt wie eine Nonne, bei Vollmond wäre ich am liebsten Karusselbesitzerin.«

> Mondwirkung und Rhythmenlage können negative, aber auch positive Einflüsse ausüben.

Aber auch Erfreuliches kann der Einfluß des Mondes zuwege bringen. Es ist erwiesen, daß nicht nur verhängnisvolle Ereignisse und Minderleistungen Ergebnisse von Mondwirkung und Rhythmenlage sind, sondern daß auch Höchstleistungen oder Leistungssteigerungen unter Einfluß des Erdtrabanten bei vorteilhafter Rhythmenkonstellation beobachtet werden können.

Ein Paradebeispiel ist der weltbekannte Bergsteiger *Reinhold Messner*, geboren bei Neumond am 17.09.1944, der vom 6.–8. August 1978 im Alleingang und ohne Stauerstoffgerät den 8.126 m hohen Gipfel des Nanga Parbat bezwang. Es war wieder Neumondzeit!

16

Geheimnis der menschlichen Seele: Warum und wann legen Menschen Hand an sich?

»Ich rede vom Freitod, wohl wissend, daß der Akt manchmal, häufig durch den Zustand drangvollen Zwanges zustande kommt.«
Jean Améry (1912–1978)

Priester, Philosophen und Dichter versuchten, lange bevor es die wissenschaftliche Psychiatrie und Psychologie gab, die Geheimnisse der menschlichen Seele und die Abgründe, die zuweilen erschreckend sichtbar werden, zu erforschen. Dabei empfand man seit jeher ein Ereignis hochdramatisch und meist unbegreiflich, das recht unscharf »Freitod« oder »Selbstmord« genannt wird. Bald schon suchten Wissenschaftler Antwort auf die Frage zu finden, warum und wann Menschen Hand an sich legen und sich selbst zerstören.

Gründe für eine selbstgeführte Beendigung des eigenen Lebens gibt es viele, meist haben wir es mit einem Zusammentreffen von belastenden Lebensfaktoren zu tun, die miteinander verknüpft sind. Selbstmordgefahr besteht bei:

Wann besteht Selbstmordgefahr?

- Allen Menschen, in deren Lebensgeschichte und Persönlichkeitsstruktur die Bereitschaft zu Depression oder Angstzuständen vorhanden ist
- Unheilbar Kranken oder solchen, die unter der Vorstellung leiden, unheilbar krank zu sein
- Menschen, die einen Selbstmord ankündigen oder bereits einen Selbsttötungsversuch unternommen haben

- Akuten Berufs- oder Finanzproblemen
- Alten, gebrechlichen oder einsamen Menschen
- Partnerverlust oder Liebeskummer
- Biologischen Krisenzeiten, verursacht beispielsweise durch Schwangerschaft, Klimakterium, Schlaf- oder Eßstörungen
- Alkohol-, Medikamenten- oder Drogensucht
- »Ansteckung« durch Selbstmord von naheliegenden Verwandten, Bekannten, Freunden oder Sektenmitgliedern

Inzwischen liegt eine verwirrende Fülle von Veröffentlichungen über das Thema »Selbstmord« vor, aber sie alle geben keinen Aufschluß darüber, ob es **zeitlich bestimmbare Auslösefaktoren** gibt, die bei Selbsttötungsabsichten eines Menschen eine wesentliche Bedeutung haben. Fachleute kennen die vielen Untersuchungen und Darlegungen über Gründe, Anlässe und Praktiken der Selbstzerstörung, aber nur ganz vereinzelt findet man Erörterungen darüber, ob es im Leben eines Menschen Tage gibt, an denen sich eine individuelle Gefährdung in Richtung Selbstmordabsicht anzunehmen ist.

Die Möglichkeit, die eigene Existenz zu vernichten, ist ein spezifisch menschliches Problem, zu dem die Menschen ganz unterschiedlich Stellung nehmen. Die Skala reicht von tiefster Erschütterung bis zu der Auffassung, daß es sich beim Selbstmord um einen Akt letzter Erkenntnis, einer Ultima ratio, handelt. Ein unbefangenes Werturteil gibt es heute weniger denn je, und es entspricht der Einstellung unserer Zeit, daß gewisse Sachverhalte um den Selbstmord ignoriert werden. Tatsache ist, daß in der BRD jährlich etwa 18.000 Menschen Hand an sich legen, und die Zahl derer, die in Depression versinken, mit dem Gedanken an Selbstmord leben oder damit drohen, nimmt ständig zu.

Wir begegnen diesen unglücklichen Menschen überall: in allen Altersgruppen, in allen Berufsschichten, bei Männern ebenso wie bei Frauen. Tatsächlich gibt es rings um uns mehr seelisch gestörte Menschen, als wir annehmen.

Jährlich kommt es allein in der BRD zu etwa 18 000 Selbstmorden.

Viele Selbstmorde könnten verhindert werden, wenn sich die Mitmenschen mehr engagieren würden.

In jeder Selbstmordhandlung liegt nicht nur eine persönliche, ausschließlich private Tragödie, sondern es ist auch ein Ereignis, das die Mitmenschen in eine Verantwortung einbindet. Viele Selbstmorde ließen sich verhindern, wenn die Betroffenen und auch die Menschen ihrer nächsten Umgebung mehr von sich, voneinander und von den Ursachen und Kräften, die zum Selbstmord treiben, wüßten. Obwohl auch Mediziner, Soziologen und Fürsorger dem Freitod oft ratlos gegenüberstehen, sollte der Suizid nicht länger als unerwünschtes Symptom unserer Zeit angesehen und wie ein unvermeidlicher Betriebsunfall behandelt werden.

Es ist eine schockierende Tatsache, daß in den Industrieländern der Erde als Todesursache von Menschen zwischen 15 und 45 Jahren der Selbstmord der Häufigkeit nach an vierter Stelle steht, nach den Verkehrsunfällen, dem Krebs und den Kreislaufkrankheiten. Nur wenige Menschen wissen, daß sich auf der Welt alle 90 Sekunden jemand das Leben nimmt und alle 10 Sekunden ein Versuch unternommen wird, dem Dasein freiwillig zu entfliehen. Die Bundesrepublik und Österreich stehen in der Spitzengruppe einer alarmierenden Rangliste, die Anregung sein sollte, über eine erfolgversprechende Selbstmordverhütung nachzudenken.

Wer sich mit Biorhythmik, mit ihrem Wesen und ihren Möglichkeiten befaßt, der weiß, daß es bei jedem Menschen zeitlich zu unterscheidende Lebensabschnitte mit wechselnder Qualität gibt. Das heißt, daß unser Verhalten periodisch gesteuert wird und wir alle unter Gesetzmäßigkeiten stehen, deren Beachtung viel Unheil und Leid vermeiden könnte.

Eine rein statistische Untersuchung von Zusammenhängen zwischen der biorhythmischen Situation eines Menschen und dem Tag seines Freitodes ist nicht imstande, vollen Aufschluß zu geben, solange die beitragenden äußeren Umstände sowie die körperlichen, geistigen und seelischen Befunde nicht umfassend berücksichtigt sind – und das ist meist der Fall. Dennoch zeigt sich, daß in mehr als 80 % der untersuchten Beispiele die Menschen ihre Tat an einem Tag begingen, der eine biorhythmische Erklärung erlaubt. Vor allem lassen Vergleiche mit ähnlichen Rhythmenlagen aufschlußreiche Folgerungen über das Motiv des Selbstmords zu. Anhand der Situation der biologischen Rhythmen erfahren wir oft eine Menge über Störungen des seelischen Gleichgewichts, auch wenn meist andere Faktoren gleichzeitig auf das Verhalten am Tag der Tat einwirkten.

Nachweislich neigen viele Menschen tatsächlich nur an genau bestimmbaren Tagen dazu, sich das Leben zu nehmen. Wenn sie dann beispielsweise durch Eingriffe von außen vor dem letzten Schritt bewahrt wurden, haben sie für ihr Vorhaben oft keine Erklärung. Dies läßt den Schluß zu, daß die zum Selbstmord treibenden Kräfte eine zeitliche Koppelung erfahren, daß der Zeitpunkt des Zusammenwirkens bestimm- und berechenbar sein müßte.

Beachten Sie

Wenn wir wissen, an welchen Tagen Selbsttötungsabsichten besonders ernst zu nehmen sind, haben wir auch ein Mittel in der Hand, Hilfestellung für einen Bedrohten zu leisten und ihm die notwendige Zuwendung, Wärme und Stütze vor dem Sturz in den Abgrund zuteil werden zu lassen.

Es gibt eine Reihe von befreienden **Schutzfaktoren**, die eine Selbstzerstörung verhindern können:

Schutzfaktoren

- Tiefe religiöse Einstellung oder starker Glauben, die dem Leben Sinn und Richtung geben
- Eine ausgeglichene, gesunde Lebensführung, bei der persönliche Schwächen in positive Energie verwandelt werden
- Gute zwischenmenschliche Kontakte und Kooperationsbereitschaft mit Familienmitgliedern, Freunden oder Bekannten
- Befreiende Gespräche mit Seelsorgern, beratenden Ärzten oder Psychotherapeuten, die Kraft und Trost geben

- Ablenkung durch Annahme echter Pflichten oder Herausforderungen, beispielsweise Erfüllung beruflicher Aufgaben, Betreuung von Mitmenschen oder Versorgung von Tieren oder Pflanzen
- Bewußtes Wissen um die zeitliche Begrenzung von persönlichen »Schlechtwetter-Zonen«, denn erfahrungsgemäß folgt auf ein trübes Regentief wieder ein klares Sonnenhoch
- Tröstliche Erkenntnis, daß unter jedem Dach ein Ach wohnt und niemand wunschlos glücklich wie im Paradies lebt

Wenn es gelingt, mit Hilfe der Biorhythmik neue Wege zur Verhütung von Selbstmorden einzuschlagen und damit die Zahl der Freitodfälle zu verringern, ist viel erreicht. Nicht allein die Antwort auf die Frage, warum sich Menschen das Leben nehmen, hilft weiter, sondern auch das Wissen um das Wann, das heißt den Zeitraum, in dem die Tendenz besteht, den Tod als letzten Ausweg zu sehen.

Aus einer großen Zahl von Fällen werden nachfolgend einige Beispiele erwähnt, die verblüffende Hinweise geben über die biorhythmische Situation am Todestag.

Fallbeispiele

Eine Putzfrau des Hotels »Ritz Carlton« in Sydney fand den toten INXS-Sänger *Michael Hutchence* am 22.11.1997, als sie seine Suite aufschloß. Weil er nach einer heißen Party seine Depressionen nicht mehr ertragen konnte, zurrte *Hutchence* seinen Ledergürtel an die Tür, kniete sich splitternackt auf den Boden und stemmte sich mit aller Gewalt dagegen. Er verlor das Bewußtsein und erstickte.

Alle 4 Biorhythmen befanden sich bei ihm zur Tatzeit im Tief, ähnlich wie bei dem französischen Psychologen und Astrostatistiker *Michel Gauquelin*, der am 21.05.1991 ebenfalls Selbstmord verübt hatte.

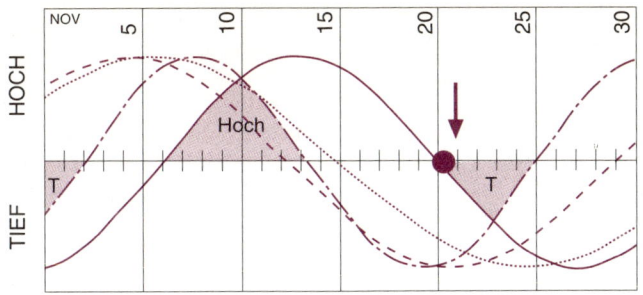

Biorhythmoskop
Name: Michael Hutchence
Geb.: 22.01.1960
Std.: 0:00
Dat.: 11/1997

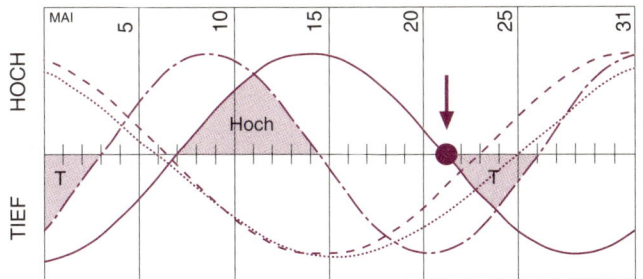

Biorhythmoskop
Name: Michel Gauquelin
Geb.: 13.11.1928
Std.: 22:15
Dat.: 5/1991

Der »Nirvana«-Sänger *Kurt Cobain* litt unter Depressionen und der Abhängigkeit von Heroin. Diverse Entziehungskuren brachten nicht den erwünschten Erfolg. Er schoß sich am 08.04.1994 mit einer Schrotflinte in den Kopf. In seinem Abschiedsbrief schrieb der 27jährige: »Ich spüre keine Leidenschaft mehr.« 3 seiner 4 Biorhythmen befanden sich zu diesem Zeitpunkt im Tief.

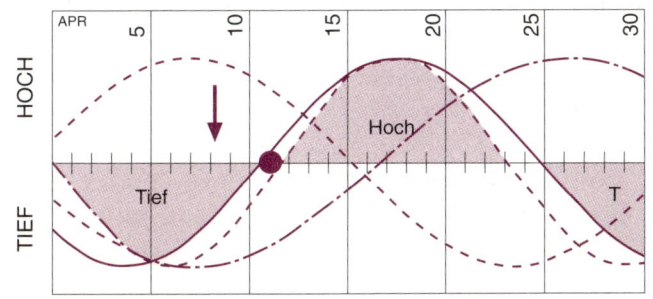

Biorhythmoskop
Name: Kurt Cobain
Geb.: 20.02.1967
Std.: 19:20
Dat.: 4/1994

Am Sonntag, den 15. Februar 1998 fand die letzte Show des österreichischen Popstars *Falco* statt, als er unter der Anteilnahme von rund 4.000 Fans zu einem Ehrengrab auf dem Wiener Zentralfriedhof getragen wurde. Der Popstar starb am 6. Februar 1998 in der Karibik, als sein Jeep mit einem Bus zusammenprallte. Über sein rastloses Leben und Lieben sagte er einmal: »Ich bin wie eine Kerze, die an beiden Enden brennt.«

Bemerkenswert ist die ähnliche Position der Biorhythmen am Todestag von *Dr. Peter Gürtler*, dem ehemaligen Chef des »Sacher« in Wien, der sich im Oktober 1990 in seinem Jagdhaus erschossen hat.

Biorhythmoskop
Name: *Falco*
Geb.:   *19.2.1957*
Std.:   *0:00*
Dat.:   *2/1998*

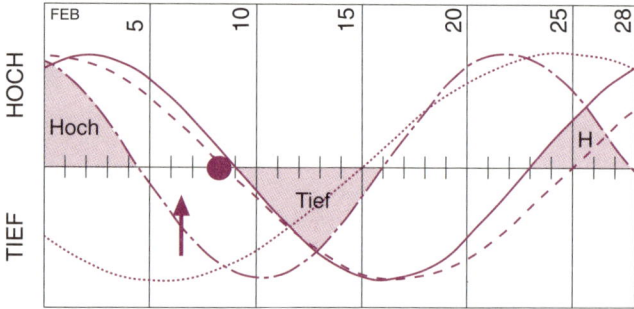

Der Tod des Modezaren *Gianni Versace*, der vor seiner Luxusvilla in Miami Beach aus nächster Nähe am 15.07.1997 erschossen wurde, erschütterte die ganze Welt. Die Polizei fand acht Tage später den mutmaßlichen Täter, den 27jährigen Callboy *Andrew Philip Cunanan*. Der polizeilich Gesuchte wurde auf einem Hausboot, 4 km vom Schauplatz des Mordes entfernt, gestellt und hat sich dann vermutlich selbst ins Gesicht geschossen.

Einen völlig unverständlichen Freitod durch Kopfschuß beging der am 22.06.1954 geborene US-Schauspieler und Nachtclubstar *Freddie Prinze* am 29.01.1977 bei vergleichbarer Rhythmenlage.

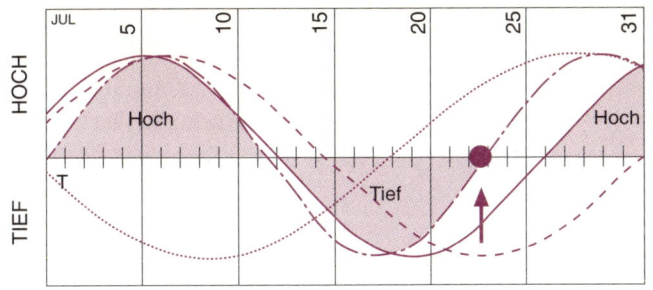

Biorhythmoskop
Name: Andrew Cunanan
Geb.:   31.08.1969
Std.:   0:00
Dat.:   7/1997

Der als *Roy Black* bekannte Schlagersänger *Gerhard Höllerich* besang die heile Welt und zerbrach an seiner eigenen. Das Idol, das in 12 Filmen auftrat und Millionen Platten verkaufte, blieb sein Leben lang ein Schwabe. Er war einer, der schnell nahm und schnell bereute und keine Dauerbeziehung erleben durfte. Am 09.10.1991 starb er einsam und verlassen in seiner Ferienhütte an Herzversagen.

Am 19.11.1971 wurde im verschneiten Winterwald südlich von Stockholm der schwedische Bankier *Marc Wallenberg* erschossen aufgefunden. Sein Jagdgewehr lag neben ihm, aber für einen Mord oder Selbstmord fehlte jegliches Motiv. Aber seine Biorhythmen geben uns, wie bei *Roy Black*, eine Erklärung für eine verhängnisvolle Verhaltensweise.

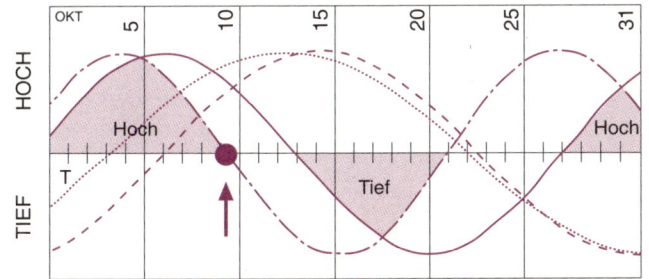

Biorhythmoskop
Name: Roy Black
Geb.:   25.1.1943
Std.:   0:00
Dat.:   10/1991

Die deutsche Schauspielerin *Romy Schneider* starb nach Tabletten- und Alkoholexzessen am 29.05.1982. Ihr unstetes Leben war gekennzeichnet durch unglückliche Lieben (u.a. Heirat mit dem Regisseur *Harry Meyen*) und furchtbare Schicksalsschläge (tödlicher Unfall ihres geliebten Sohnes).

Das traurige Ende des Filmstars ereignete sich in einer vergleichbaren Minusphase des Rockmusikers *Jimi Hendrix* (geb. 27.11.1942). Dieses Idol der sechziger Jahre war im Alter von 28 Jahren am 18.09.1970 in London an einem Mixcocktail von Tabletten und Alkohol erstickt.

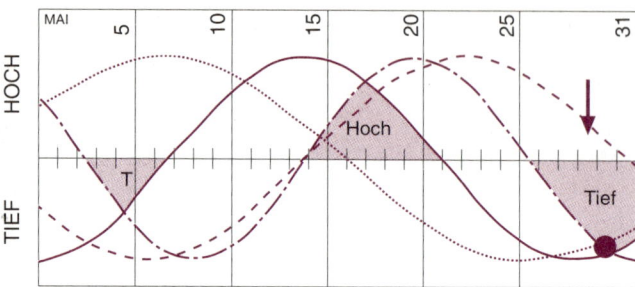

Biorhythmoskop
Name: Schneider Romy
Geb.: 23.09.38
Std.: 22:05
Dat.: 5/1982

Der Schauspieler und Regisseur *Harry Meyen* heiratete die 14 Jahre jüngere *Romy Schneider* im Jahre 1966. Nach der Geburt von Sohn David folgte 1975 die Scheidung; es war nicht der einzige Grund, warum *Meyen* am 15.04.1979 freiwillig den Tod suchte.

Sein Kurvenbild zur Tatzeit gleicht haargenau dem des Schauspielers *Guido L.*, weil er im selben Lebensalter in Tagen (= 19.951) gemessen, nach Scheidung und beruflichem Mißerfolg Selbstmord begangen hat. Er verkraftete den Abstieg als Mensch und Künstler ebenfalls nicht.

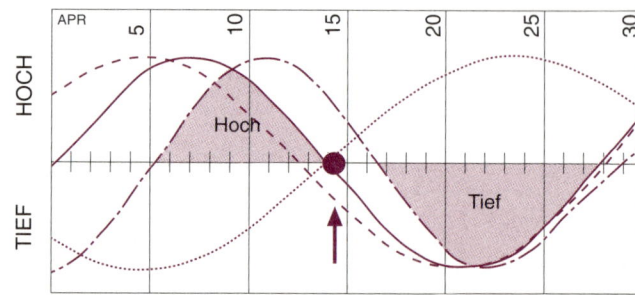

Biorhythmoskop
Name: Harry Meyen
Geb.: 31.8.1924
Std.: 0:00
Dat.: 4/1979

Nach einer Herzattacke stirbt am 16.08.1977 in Memphis (USA) im Alter von 42 Jahren der Schlagersänger und Gitarrist

Elvis Presley. Der Tod des »King of Rock'n'Roll«, der zuletzt an Depressionen und Tablettenabhängigkeit litt, löste weltweit Trauer aus.

Ebenfalls zu Beginn einer intensiven Tieflage verübte der Schriftsteller *Stefan Zweig* zusammen mit seiner 2. Frau Selbstmord. Er schrieb noch: »Ich grüße alle meine Freunde! Mögen sie die Morgenröte noch sehen nach der langen Nacht! Ich, allzu Ungeduldiger gehe ihnen voraus.«

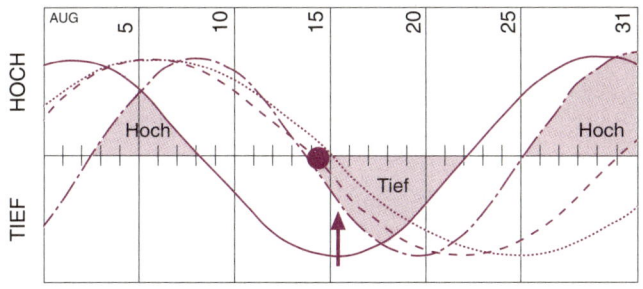

Biorhythmoskop
Name: Elvis Presley
Geb.:   8.1.35
Std.:   4:35
Dat.:   8/1977

Die amerikanische Schauspielerin *Marilyn Monroe* war das Sexsymbol der 50er und 60er Jahre und der Mittelpunkt der Regenbogenpresse, die ihren Weg zwischen Triumph und Tragik ausgiebig schilderte. Nach zwei gescheiterten Ehen geriet sie in den Teufelskreis von Alkohol und Drogen, bis sie am 05.08.1962 in ihrem Haus nach einer Schlafmittelvergiftung tot aufgefunden wurde. Bis heute wird spekuliert, ob es Selbstmord, Mord oder ein Unglücksfall war. Tatsache jedoch ist, daß auch hier eine biorhythmische Krisensituation vorgelegen hat, die eine Depression verstärken kann.

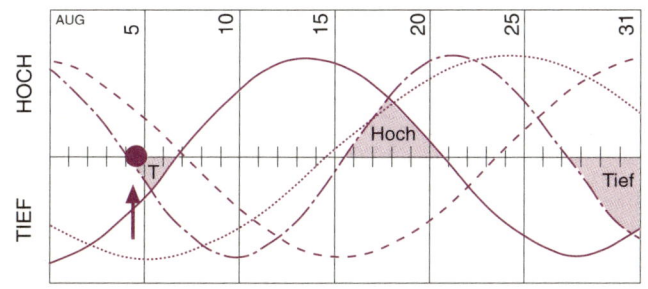

Biorhythmoskop
Name: Marilyn Monroe
Geb.:   01.06.1926
Std.:   9:30
Dat.:   8/1962

Am 20./21.11.1997 erschütterte eine Mordserie in Mauterndorf (Bundesland Salzburg) die Bevölkerung. Der 36jährige Mechaniker *Johann Gautsch*, ein ausgezeichneter Sportschütze, erschießt nach einer Auseinandersetzung seinen einzigen Freund, seinen Nachbarn mit Freundin und Tochter und noch zwei weitere Bekannte. Der Amokläufer beging vor seiner Festnahme durch Kopfschuß Selbstmord. Spekulationen über die Wahnsinnstat reichten von finanziellen Schwierigkeiten bis Eifersucht. Die Rhythmensituation zeigt einen doppelten Krisentag!

Biorhythmoskop
Name: Johann Gautsch
Geb.:   23.07.1961
Std.:   0:00
Dat.:   11/1997

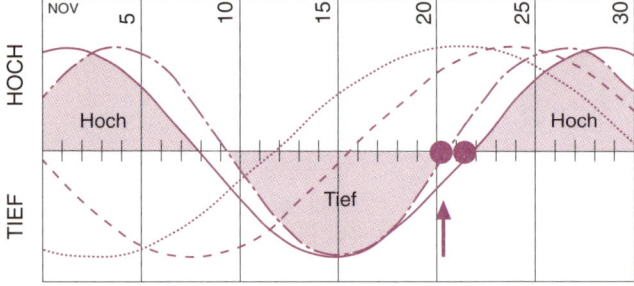

Der als »Seewolf« bekannte Schauspieler *Raimund Harmstorf* hat am 6. April 1998 am Beginn eines biorhythmischen Schalttages einen Suizidversuch unternommen, konnte aber gerettet werden. Genau 28 Tage später – als seine Seelenkurve wiederum vom Tief ins Hoch wechselte – erhängte er sich im Dachgeschoß seines Hauses, nachdem seine Krankheit publik geworden war und er anscheinend die belastende Situation nicht mehr verkraftet hat.

Biorhythmoskop
Name: Raimund Harmstorf
Geb.:   02.10.1940
Std.:   0:00
Dat.:   5/1998

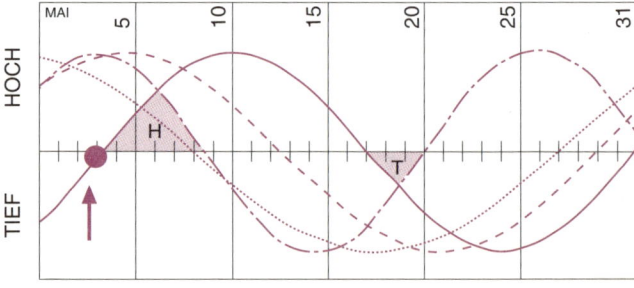

Die Welt des Sports:
Triumphe, Tragödien, Tränen

»Sportvorhersagen auf der Basis biorhythmischer Berechnungen müssen immer die unerwarteten und unkontrollierbaren Faktoren in Betracht ziehen, die Vorhersagen beeinflussen oder verändern können.«
Bernhard Gittelson

Kann man Sportergebnisse voraussagen?

Hier sollte man am besten mit ja und nein antworten, denn voraussagen kann man sie schon, aber ob sie letztendlich zutreffen ist eine andere Frage.

In jedem Fall ist zu berücksichtigen, ob es sich um eine Einzelsportart handelt, wie etwa Boxen, Diskuswerfen, Gewichtheben, Tennis, Hochsprung, Auto- oder Rennradfahren, oder ob wir es mit einer Mannschaftssportart, wie Fußball, Baseball, Basketball, Eishockey oder Staffellauf, zu tun haben.

Bei den Einzelsportarten, bei denen eine einzelne Sportlerin oder ein Athlet um den Sieg kämpft, ist bekanntlich die persönliche Tagesverfassung, die oft auch von der Biorhythmik beeinflußt wird, von Wichtigkeit. Für Sieg oder Niederlage spielen aber auch noch eine Reihe anderer Faktoren eine Rolle, die meist von Außenstehenden weder bedacht noch berücksichtigt werden. Man denke an Kondition, Zustand der Sportanlage, technische Ausrüstung, Wetterbedingungen und Entscheidung der Schiedsrichter. So nützt es beispiels-

Für Sieg oder Niederlage spielen viele Faktoren eine Rolle.

weise einem Skilangläufer wenig, wenn er bestens vorbereitet und ausgerüstet ist, jedoch sein Servicemann das falsche Wachs aufträgt und sein Bemühen dadurch umsonst ist.

Siege oder Niederlagen sind – und das muß klar herausgestellt werden – nicht nur auf die Biorhythmik des Sportlers allein zurückzuführen, sondern vor allem bei Vorhersagen muß eine Reihe weiterer Umständen in Betracht gezogen werden.

Bei **Mannschaftssportarten** kann zwar der einzelne Sportler einen ausschlaggebenden Erfolg erzielen, beim Fußball zum Beispiel durch seine entscheidenden Tore. Aber schließlich haben auf das Endergebnis auch noch Mitspieler und andere Personen wie Trainer, Arzt, Schiedsrichter, Manager und Zuschauer eine nicht kalkulierbare Einflußnahme.

Stellen Sie sich optisch eine Treppe vor, die bei günstigen Voraussetzungen Stufe um Stufe zum Siegespodest führt:

Voraussetzungen für Erfolg im Sport

1. **Unterstützende Rhythmenlage**
   Hochphase oder eine störfreie, neutrale Zone
2. **Vorteilhafte äußere Bedingungen**
   Günstige Wetterlage, hilfreiche Umwelt (Zuschauer, Medien), gute Ausstattung, finanzielle Absicherung
3. **Positive innere (individuelle) Umstände**
   Stabile Gesundheit, gute Tagesverfassung, notwendige Anerkennung, erlaubtes Doping wie Kraftnahrung, Psychotraining, Autosuggestion, persönliche Vorteile oder Siegprämie
4. **Vorhandene Veranlagung, gezielte Entwicklung und optimales Umfeld**
   Erforderliches Talent, unvermeidliche Trainingsarbeit, wichtige Wettkampferfahrung, gebotene Einsatzbereitschaft, erfreuliche Zusammenarbeit mit Ausbildern, Serviceleuten, Sponsoren, Familie, Fanclub

Bei vielen weltbekannten Spitzenathleten lassen sich die angegebenen Erfolgsfaktoren anhand ihrer Leistungsschwankungen aufzeigen. Welche Bedeutung dabei den Biorhythmen zukommt, soll an einer Reihe von Fallbeispielen demonstriert werden.

Herausragende Athleten bei den Olympischen Winterspielen 1998 in Nagano waren *Katja Seizinger* und *Hermann Maier,* die beide von den internationalen Medien als Galionsfiguren des Skisports gefeiert wurden. Nachdem das Jahrhunderttalent *Katja Seizinger* Mitte Februar 1997 in einer Hochphase 2 Silbermedaillen erobert hatte, düste sie nach einer mäßigen Vorstellung im Super-G-Rennen (angeblich wegen falscher Skiwahl) Mitte Februar 1998 in der Abfahrt und in der Kombination (Abfahrt und Slalom) zu Doppelgold und holte sich innerhalb von fünf Tagen in einer Superhochphase noch Bronze im Riesenslalom. Damit wurde sie die erste Skirennläuferin in der Olympiageschichte, die durch witterungsbedingte Termin-Verschiebung am gleichen Tag den Abfahrtssieg wiederholen konnte.

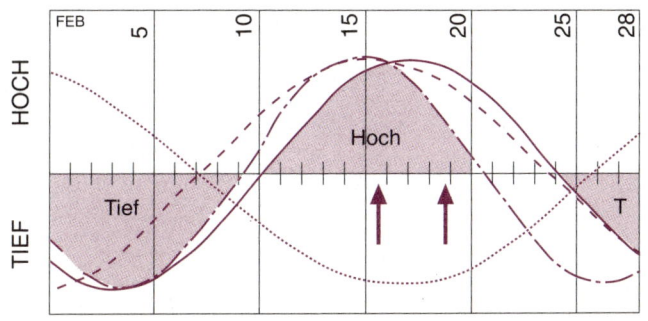

Biorhythmoskop
Name: Katja Seizinger
Geb.: 10.05.72
Std.: 0:00
Dat.: 2/1998

Als »Jahrhundertsturz« bezeichnet Olympiasieger und Pisten-Architekt *Bernhard Russi* den spektakulären Skicrash von *Hermann Maier* beim Abfahrtsrennen am 13. Februar 1998 in Japan. Der Österreicher »Herminator« stürzte bei Tempo 130 km/h, katapultierte als Kraftpaket 50 m durch die Luft, durchschlug nacheinander zwei Fangzäune und landete mit Kopf und Nacken voraus im Tiefschnee. Nur drei Tage später raste

Maier trotz schwerster Prellungen und Blutergüsse in den Knien im Super-Riesenslalom zu Olympiagold.

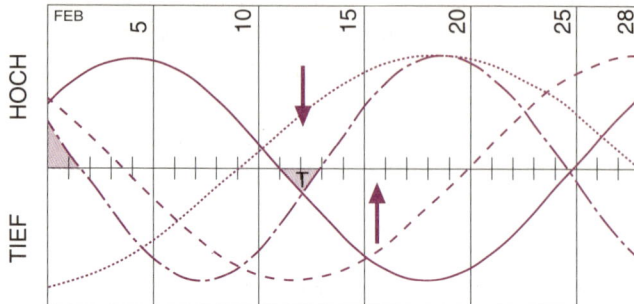

Biorhythmoskop
Name: Hermann Maier
Geb.:   07.12.1972
Std.:   0:00
Dat.:   2/1998

Es sollte das wichtigste Schlittschuhrennen ihrer Laufbahn werden: Sprintweltmeisterin *Franziska Schenk* wollte am 15. Februar 1998 in Nagano bei den Olympischen Spielen Gold, aber sie verlor alles – vor allem das Gleichgewicht. Beim Rennen über 1000 m platzten die Hoffnungen auf eine Medaille schon nach 300 m, als die Athletin mit Bestzeit und Tempo 56 zuviel riskierte, in der zweiten Kurve nach einem Schrittfehler stürzte und in die Bande knallte. Durch ihre biorhythmische Hochlage hatte sie, die voller Kraft und Motivation war, die Fliehkraft unterschätzt und den Unfall verursacht.

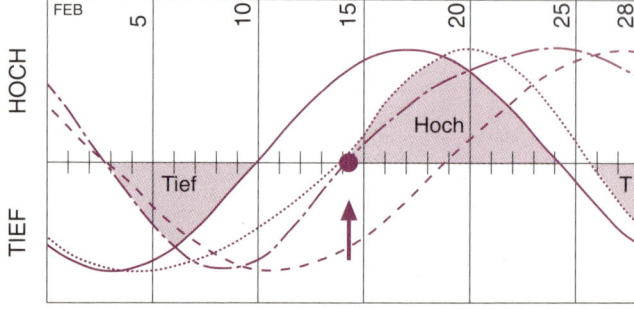

Biorhythmoskop
Name: Franziska Schenk
Geb.:   13.03.1974
Std.:   0:00
Dat.:   2/1998

Das Aus für *Anita Wachter,* die österreichische Olympiasiegerin von 1988, kam beim Super G in Cortina am 24. Januar 1998. Die Vorarlbergerin hatte großes Pech, als sie beim Rennen schwer stürzte. Sie hatte schon nach 50 Fahrsekunden im aggressiven Schnee verschnitten, sich mehrmals überschlagen und dabei einen Riß des Kreuzbandes und beider Seitenbänder im rechten Knie zugezogen.

Aus biorhythmischer Sicht gilt so ein Tag als besondere Vorsichtsphase, weil ein Übergang vom Hoch ins Tief eine Unsicherheit signalisiert. Die 30jährige konnte nach ihrer Operation an den olympischen Winterspielen nur als Kommentatorin teilnehmen.

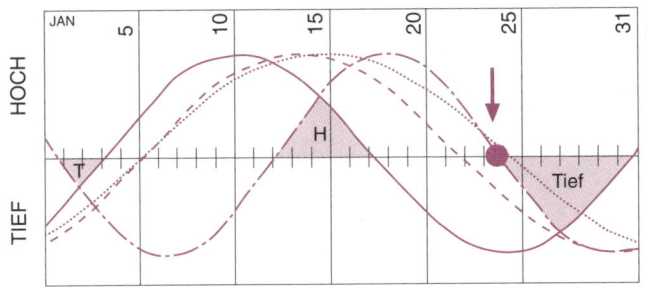

Biorhythmoskop
Name: Anita Wachter
Geb.:   12.02.1967
Std.:   0:00
Dat.:   1/1998

Die Medaillen-Bilanz bei den Winterspielen in Nagano hat Eisschnell-Läuferin *Gunda Niemann-Stirnemann* wesentlich verbessert, durch Gold (3.000 m) und zweimal Silber (1.500 m und 5.000 m) wurde sie die gekrönte Eisschnellauf-Königin. Auch am Freitag, den 20. Februar, erzielte sie zunächst einen Weltrekord, den aber ihre sechs Jahre jüngere Konkurrentin *Claudia Pechstein* kurz danach verbesserte. Die Körperkurve von *Gunda Niemann-Stirnemann* war da bereits im Abstieg.

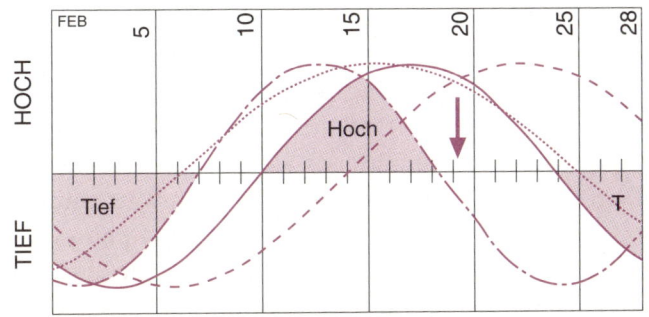

Biorhythmoskop
Name: Gunda Niemann-
*   Stirnemann*
Geb.:   07.09.1966
Std.:   0:00
Dat.:   2/1998

Jürgen Klinsmann, der Kapitän der deutschen Fußball-Natio-
nalmannschaft, schoß am 3. Mai 1998 im Spiel Tottenham
gegen Wimbledon vier Tore, davon drei innerhalb von 6 Minuten. Dem Schwaben gelang ein Hattrick schon früher am
21. November 1995 beim FC Bayern, als er an einem »perfek-
ten Tag« (Zitat: Franz Beckenbauer) gegen Benfica Lissabon
im biorhythmischen Hoch vier Tore erzielt hat.

Biorhythmoskop
Name: Jürgen Klinsmann
Geb.:   30.07.1964
Std.:   0:00
Dat.:   5/1998

Es war der 15. Juli 1997 – der Tag, der für *Jan Ullrich* alles ver-
änderte. Um 17.31 Uhr schlüpfte er in Andorra als erster deut-
scher Radprofi ins gelbe Trikot der Tour. Auf der vorherigen
252,5 km langen Königsetappe, die über den 2.407 Meter
hohen Port d'Envalira führte, attackierte er mit Einverständnis
und nach Zuruf seines Teamchefs *Walter Godefroot* (»Fahre, was
du kannst!«). Er löste sich auf dem Schlußstück auch vom französischen Bergkönig *Richard Virenque* und hielt den Vorsprung
von 2:58 Minuten auf diesen und von 4:53 Minuten auf seinen
Mannschaftskapitän *Bjarne Riis*. In seinen Erinnerungen lebt
bei ihm immer noch die innere Freude, wenn er an die Schlüs-
selszene der Tour denkt: »Gerade Andorra war einzigartig, so
einen Supertag erwischt man nur einmal im Leben.« Trotz
leichter Erkältung und Ermüdungserscheinungen blieb *Ullrich*
auch die nächsten Tage in der Gesamtwertung vorne, bis er am
27. Juli 1997 seine Triumphfahrt als Sieger in Paris beenden
konnte. Dagegen mußte *Ullrich* ein Jahr später an seinem
schwarzen Tag (27.7.98) nach Ende seiner Hochphase das
gelbe Trikot an *Marco Pantani* abgeben, der anschließend bei
sehr günstiger Rhythmenlage die Tour gewann.

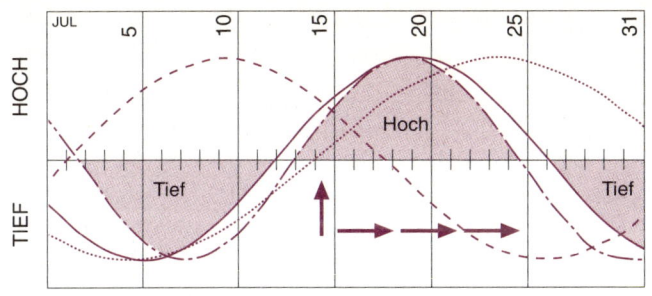

Biorhythmoskop
Name: Jan Ullrich
Geb.: 02.12.1973
Std.: 0:00
Dat.: 7/1997

Unerreicht ist bis heute die Leistung des amerikanischen Rekordschwimmers *Mark Spitz*, der bei den Olympischen Spielen 1972 in München sieben Goldmedaillen gewann. 1991 mißlang ihm ein Comebackversuch kläglich.

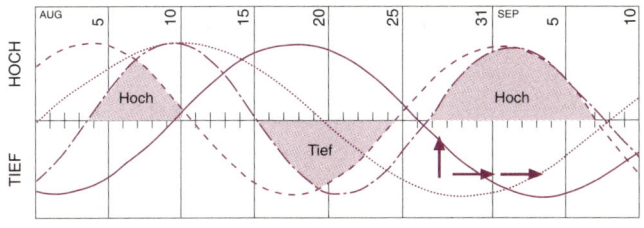

Biorhythmoskop
Name: Mark Spitz
Geb.: 10.02.1950
Std.: 17:45
Dat.: 8/1972

Das eine ansteigende körperliche und seelische Hochphase auch zu Überaktivität führen kann, mußte der deutsche Zehnkampfweltmeister *Jürgen Hingsen* bei den Olympischen Spielen in Seoul schmerzlich erfahren. Beim 100-m-Rennen wurde er am 28.09.1988 nach dreimaligem Fehlstart disqualifiziert, und seine ganzen Bemühungen und berechtigten Erwartungen waren umsonst gewesen.

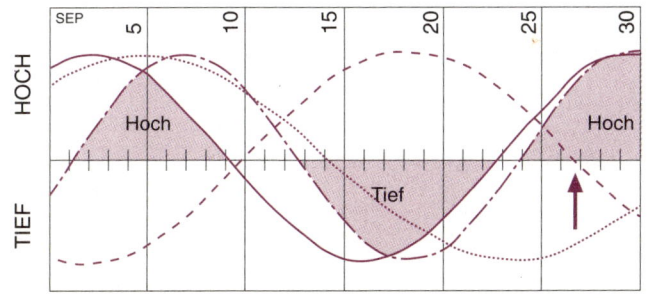

Biorhythmoskop
Name: Jürgen Hingsen
Geb.: 25.01.1958
Std.: 0:00
Dat.: 9/1988

Dem Geheimnis eines Unbesiegbaren auf der Spur: Boxweltmeister Henry Maske

»Das wissen um den richtigen Zeitpunkt
ist der halbe Erfolg.«
Maurice Couve de Murville

Er ist ein Mann in Deutschland, den fast jeder kennt. Welcher sportinteressierte Fernsehzuschauer erinnert sich nicht mehr an die großartigen Auftritte des Weltmeisters, der mit der Hymne »Conquest of Paradise« in den Boxring stieg, um diesen als Sieger wieder zu verlassen?

Auf die Frage nach seinem Erfolgsrezept bemühte *Maske* nur eine einzige Geste, nämlich er tippte sich mit dem Zeigefinger an die Schläfe. Damit wollte der frühere Olympiasieger und Weltmeister sagen, daß er seine 29 Profikämpfe mit Köpfchen bestritten hat und deshalb 29mal als Sieger den Ring verlassen konnte.

Analysiert man die Profikarriere des »Gentleman-Boxers« *Maske* nach biorhythmischen Gesichtspunkten, dann fällt auf, daß kein Wettkampf an einem besonders kritischen Tag stattgefunden hat. Im Gegensatz zu anderen Sportarten werden die Auftrittstermine von den Boxpromotern im voraus geplant und festgelegt; damit liegt es doch nahe, voraussichtlich günstige Tage zu wählen. Coach von *Henry Maske* war der Erfolgstrainer *Manfred Wolke*, der nach eigenen Worten entscheidend »die Haltung und den Charakter eines Boxers prägt«.

Partnerschaftserfolg durch Berechnung und Deutung der Rhythmenverwandtschaft

»Diejenigen Naturen, die sich beim Zusammentreffen einander schnell ergreifen und wechselseitig bestimmen, nennen wir verwandt.«
Johann Wolfgang von Goethe

Sämtliche zwischenmenschliche Beziehungen, wie Blutsverwandtschaft, Freundschaft, Partnerschaft, Ehe, Berufskontakte, sind manchmal recht kompliziert, und für den Einzelnen ist es oft schwierig, die Spielregeln des Zusammenlebens zu durchschauen. Sogar auf dem riesigen Markt der Ratgeberliteratur gibt es nur ganz wenige Titel zum Thema Partnerschaft, die echte Hilfe in dem Sinn vermitteln, daß sie für den Einzelnen und seine Entscheidungen sofort brauchbare Informationen liefern. Allgemeine Hinweise und Tips über die Funktionsweise sozialen Verhaltens und Handelns sind meist wenig hilfreich oder sie werden entweder nicht beachtet oder nicht verstanden.

Die Spielregeln für zwischenmenschliche Beziehungen sind meist schwierig zu durchschauen.

In jeder Familie und in jedem Unternehmen kennt man zwischenmenschliche Spannungen und Probleme. Viele können über mehr oder weniger gravierende Querelen berichten, die sich mit üblichen psychologischen Interpretationen oft nur unbefriedigend erklären lassen. Kein Wunder, daß es noch nie so viele Trennungen und Scheidungen gab und dies auf eine erschreckende Rekordzahl von Fehlentscheidungen hinweist. Um nur ein Beispiel zu nennen: In der österreichischen

In der BRD wird jede 3. Ehe wieder geschieden.

Bundeshauptstadt Wien endet bereits jede 2. Ehe vor dem Scheidungsrichter, während sonst in der Bundesrepublik Deutschland und in Österreich jeder 3. Bund fürs Leben aufgelöst wird.

Als Scheidungsgründe nennen Experten und Anwälte die folgenden sieben »Todsünden«:

»Todsünden für eine Beziehung«

1. Vertrauensbruch, wenn interne Familienverhältnisse zu Dritten getragen werden, der Partner sich bloßgestellt oder betrogen fühlt.
2. Aufhebung der häuslichen Lebensgemeinschaft aus verschiedenen Gründen (z.B. wenn ein Partner beruflich in einem entfernten Ort oder anderen Land arbeitet).
3. Absichtliche Vernachlässigung des Haushaltes oder der Unterhaltspflichten.
4. Ehewidrige Beziehungen zu einer anderen Person, auch dann, wenn kein »Seitensprung« vollzogen wird.
5. Abkühlung der Leidenschaft, zuviel oder zuwenig Sex, unerwünschte Praktiken.
6. Mißhandlung, Vernachlässigung des Partners oder Verurteilung wegen eines Verbrechens.
7. Übermäßiger Alkohol- und Drogengenuß.

Oft folgt einer Scheidung neben großem seelischem Kummer und Leid ein finanzielles Desaster durch die enormen Belastungen der Unterhaltszahlungen, von den Gerichts- und Anwaltskosten ganz abzusehen.

Doch so ein Rosenkrieg – wie wir ihn fast täglich erleben – muß nicht sein. Seit Jahrzehnten habe ich mich mit der Theorie und Praxis der biorhythmischen Partneranalyse befaßt und es mir zur Aufgabe gemacht, genaue Einsicht in die Wirkungsweise der biorhythmischen Kurven zu bekommen. Die praktische Umsetzung meiner Erkenntnisse und Erfahrungen verhilft auch Ihnen zu einer besseren Beurteilung einer privaten oder beruflichen Partnerschaft – und somit auch zu einer erfolgreicheren Lebensführung und glücklichen Lebensgestaltung.

Der Rhythmenvergleich

Sehr interessant und hilfreich für die Gestaltung des Zusammenlebens zweier Menschen ist die Antwort auf die Frage, inwieweit der Ablauf ihrer Biorhythmen übereinstimmt. Durch einen weiteren Rechenvorgang lassen sich die Prozentwerte der Übereinstimmung von vier Rhythmen von zwei Personen unschwer ermitteln. Dazu ist es zunächst erforderlich, für jeden einzelnen den Stand der Biokurven zu berechnen (siehe Seite 59ff.). Wichtig ist, daß für jede Person der gleiche Stichtag zugrunde gelegt wird. Sodann muß der Unterschied ermittelt werden, das heißt die jeweilige Differenz, ausgedrückt in Tagen, die zwischen demselben Rhythmus der beiden besteht.

Man erhält so drei Zahlen; die Zahl muß
- für den 23-Tage-Rhythmus (K) mit 8,7
- für den 28-Tage-Rhythmus (S) mit 7,1
- für den 33-Tage-Rhythmus (G) mit 6,0
- für den 38-Tage-Rhythmus (F) mit 5,3

multipliziert werden.

Um dann die Übereinstimmung in Prozentwerten zu erhalten, wird das jeweilige Ergebnis der Multiplikation von 100 subtrahiert, wenn es kleiner als 100 ist. Ist es jedoch größer als 100, dann wird die Zahl 100 davon abgezogen. Man erhält dann die Prozentzahl der Übereinstimmung.

Rhythmenstand am 31.08.1997	K	S	G	F
Diana (geb. 01.07.1961)	9	23	11	24
Dodi (geb. 15.04.1955)	1	24	3	13
Differenz in Tagen:	8	1	8	11
Multiplikator:	69,6	7,1	48,0	58,3
Übereinstimmung:	30,4	92,9	52,0	41,7

Beispiel:
Prinzessin Diana
Dodi al Fayed

Übersicht über Rhythmenverwandtschaft und Anziehungskraft Übereinstimmung der Rhythmen in Prozent				
körperlicher Rhythmus (23 Tage)	seelischer Rhythmus (28 Tage)	geistiger Rhythmus (33 Tage)	feinsinniger Rhythmus (38 Tage)	Kommentar
4 %	0–7 %	3 %	0–5 %	fast keine Anziehung
4–22 %	7–21 %	3–21 %	5–21 %	schwache Anziehung
22–39 %	21–36 %	21–39 %	21–37 %	mäßige Anziehung
39–65 %	36–64 %	39–64 %	37–63 %	mittelmäßige Anziehung
65–91 %	64–93 %	64–94 %	63–95 %	starke Anziehung
91–100 %	93–100 %	94–100 %	95–100 %	außergewöhnliche Anziehung

Man kann davon ausgehen, daß die Beziehungen, die Menschen miteinander verbinden, um so besser, harmonischer und dauerhafter sind, je größer die Übereinstimmung im Ablauf der jeweiligen Rhythmen ist. Das Ausmaß dieser Übereinstimmung der Rhythmenverläufe bestimmt folglich die vierfach gegliederte Harmonie, die Harmonie der Beziehungen auf körperlichem, seelischem, geistigem und feinsinnigem Gebiet. Natürlich ist es nicht nur die mehr oder weniger große »Rhythmenverwandtschaft«, die allein für die Qualität und das Glück einer Partnerschaft maßgebend ist: die Erfahrung lehrt aber, daß ein hohes Maß von Gleichartigkeit der Lebensrhythmen eine wesentliche Voraussetzung für dauerhaftes Funktionieren zwischenmenschlicher Beziehungen ist, weil Zuneigung und Abneigung weitgehend von biologischen Einflüssen rhythmisch gesteuert werden.

Die Biorhythmik hilft uns, Klarheit über unsere intimen Gefühle, Gedanken und Triebkräfte zu gewinnen; sie gibt uns

Je besser die Rhythmen zweier Menschen übereinstimmen, desto größer ist die Harmonie auf körperlichem, seelischem, geistigem und feinsinnigem Gebiet.

Je mehr sich die Lebensrhythmen ähneln, desto größer ist die Chance auf eine glückliche Beziehung.

Hinweise, um unser Zusammenleben mit Bekannten, Freunden, Liebenden und Partnern stabiler, intensiver und beglückender zu gestalten. Ein erfahrener Biorhythmiker kann nach sorgfältiger Berechnung angeben, ob das Schwergewicht bei einer Verbindung mehr auf körperlichem, seelischem, geistigem oder feinsinnigem Gebiet liegt und ob die Übereinstimmung der Rhythmenabläufe als ausreichend angesehen werden kann, um Probleme und Schwierigkeiten, wie sie jede Bindung zuweilen belasten, zu meistern.

Beachten Sie

Natürlich gibt es Einschränkungen bei der Bewertung einer biorhythmischen Aussage, denn sie ist immer zu sehen im Zusammenhang mit anderen Faktoren und Einflüssen, wie beispielsweise Charakterveranlagung, Altersunterschied, Lebensstil, familiärer Hintergrund.

Mit dem nachfolgenden Schema können Sie ergründen, ob es sich im Einzelfall um eine ideale, körper- oder gefühlsbetonte durchschnittliche oder anfällige Beziehung handelt.

Eine **ideale Zweierbeziehung** mit dem Wunsch für dauerhaftes Eheglück stützt sich auf mehrere Säulen, die man mit den Schlagworten Masse, Klasse, Rasse und Kasse beschreiben kann.

Säulen einer Zweierbeziehung

- Masse = Lebensenergie, körperliches Kraftfeld, Arbeitskapazität, Sexbedürfnis, Kinderwunsch
- Klasse = Persönlichkeit, Wesensart, Bildung, Lebensstil, gesellschaftlicher Status, Interessensgebiete
- Rasse = erbliche Merkmale und körperliche Erscheinung, Familieneinfluß, Kulturkreis, Sprache, Religion
- Kasse = Besitztum, wirtschaftliche Verhältnisse, Einkünfte oder Ausgaben, finanzielle Rechte und Pflichten

Je tragfähiger und breiter die einzelnen Säulen durch eine Übereinstimmung sind, desto stabiler und dauerhafter entwickelt sich eine Partnerschaft. Bestehen auf dem einen oder anderen Gebiet starke Gegensätze, etwa wenn ein Partner einen unterschiedlichen Lebensrhythmus hat, verschiedenartige soziale Aktivitäten ausübt oder aus einem abweichenden Kulturkreis kommt, dann fällt eine der tragenden Stützen aus, und die übrigen müssen die Last tragen.

Denken Sie immer daran: Ein Tisch steht auf drei oder besser auf vier Beinen, aber auf nur zwei Beinen bleibt keiner im Gleichgewicht. Auf Partnerschaften übertragen kann man behaupten, daß eine sehr hohe Rhythmenübereinstimmung allein auf Dauer nicht genügt, es müssen auch noch andere Gemeinsamkeiten vorhanden sein. Andererseits kann der Makel einer mäßigen Rhythmenverträglichkeit nicht durch Reichtum kompensiert werden. Wer einen Partner nicht riechen kann, wird auch mit Geld nicht zufrieden und glücklich; spätere Probleme und Konflikte sind dann – wie viele bekannte Fälle zeigen – bereits vorprogrammiert.

In Deutschland werden pro Jahr etwa 450.000 Ehen geschlossen – aber fast jede 3. endet wieder mit Scheidung oder gilt als stark gefährdet. 1997 waren es fast schon 190.000. Das sollte doch sehr zu denken geben. Mit der erfolgversprechenden biorhythmischen Harmonie jedenfalls kann man manches unliebsame Abenteuer von vornherein ausschließen.

Es gibt bereits viele interessante und nachprüfbare Fälle aus allen Bereichen menschlichen Zusammenlebens, die geeignet sind, die Auffassung von der großen Bedeutung des biorhythmischen Harmoniegesetzes zu stützen.

Folgen Sie diesem wohlgemeinten Ratschlag und versäumen sie es nicht, anhand der nachfolgend skizzierten Fallbeispiele Ihr eigenes soziales Umfeld und Ihre partnerschaftlichen Beziehungen zu überprüfen. Sie werden vielleicht überrascht sein und manche Bindung künftig anders und mit mehr Verständnis für die Gegebenheiten beurteilen.

Überprüfen Sie Ihre partnerschaftlichen Beziehungen auf die biorhythmische Übereinstimmung.

Auch die bekannte Schauspielerin *Christine Kaufmann* hat in ihrem Buch »Körperharmonie« zum Biorhythmus wie folgt Stellung genommen:

»Ein besonders wichtiger Aspekt an diesem System, das ja nichts anderes signalisiert, als mit und nicht gegen seinen ›inneren‹ Rhythmus zu leben, ist die Partnerschaftsfrage. Menschen, deren Biorhythmen nicht harmonieren, werden wahrscheinlich niemals auf ›einen grünen Zweig‹ miteinander kommen. Stellen Sie sich vor, Ihr Partner ist genau an den Tagen körperlich fit und schlägt Wanderungen oder Bergtouren vor, an denen Sie müde und schlapp herumhängen. Oder Sie haben Lust auf nächtelange Diskussionen, sind informationshungrig und wollen hochgeistige Vorträge hören, wenn die Geisteskurve Ihres Partners ausgerechnet am Boden ist. Der Streit und das Nichtverstehen ist (bei einer Ehe womöglich lebenslang) vorprogrammiert. Vielleicht wäre es künftig gar nicht schlecht, wenn sich Paare weniger nach astrologischen Aspekten des Zusammenpassens als nach denen des Biorhythmus orientierten.«

Fallbeispiele

➤ Kessler Alice (geb. 20.08.1936)
➤ Kessler Ellen (geb. 20.08.1936)
   Rhythmenübereinstimmung:
   Körper   = 100 %
   Seele   = 100 %
   Geist   = 100 %
   Feinsinnigkeit = 100 %

Die beiden Showstars – bekannt unter dem Namen »Kessler-Zwillinge« – sind durch Tanz, Gesang, Schauspiel, Entertainment und Musical weltweit ein Begriff geworden. Zunächst als Kinderstars erfolgreich, fehlten sie später kaum in einer bekannten Fernsehshow. Die Gleichheit ihrer beiden Körper entspricht dem Einklang der Harmonie ihrer Bewegungen, ihrer Gestik, ihrer Reaktionen im Gespräch, auch wenn charakterliche Wesensunterschiede erkennbar sind. Bemerkenswert ist, daß besonders kosmische Zwillingspaare uns immer wieder erstaunliche Forschungsergebnisse liefern. Viele Beispiele aus Lebensgang, Zeitabläufen und Krankengeschichte gestatten uns die Wirkungsweise der biorhythmischen Wellengänge zu studieren.

➤ Christo Jawatschew (geb. 13.06.1935)
➤ Christo Jeanne-Claude (geb. 13.06.1935)
   Rhythmenübereinstimmung:
   Körper   = 100 %
   Seele   = 100 %
   Geist   = 100 %
   Feinsinnigkeit = 100 %

Das biorhythmische Zwillingspaar wurde am selben Tag geboren, er in Bulgarien und sie in Casablanca. Etwa 23 Jahre später verliebten sie sich in Paris und heirateten 1959. War es die Macht und Harmonie der Biorhythmen, die den spektakulären Verpackungskünstler großer Gebäude (z.B. die weltbekannte Verhüllung des Berliner Reichstages) mit der ursprünglich anderweitig Verheirateten verband? Die starke Herzensbindung und sinnliche Anziehung dieser beiden ist jedenfalls ein erstaunliches Phänomen, das durch die biorhythmische totale Übereinstimmung verständlich wird.

➤ Zatopek Emil (geb. 19.09.1922)
➤ Zatopek Dana (geb. 19.09.1922)
   Rhythmenübereinstimmung:
   Körper   = 100 %
   Seele   = 100 %
   Geist   = 100 %
   Feinsinnigkeit = 100 %

Diese Sportlerehe ist ein weiteres Beispiel für ein biorhythmisches Zwillingspaar, das seit Jahrzehnten in einer kooperativen Beziehung lebt. Er ist ein weltbekannter tschechoslowakischer Langstreckenläufer (»die tschechische Lokomotive«), der dreimal Olympiagold holte und viele Rekorde und Siege verbuchen konnte. Bei den Spielen 1952 in Helsinki gewann seine Frau Dana zur gleichen Zeit die Goldmedaille beim Speerwurfwettbewerb, als er über 5000 Meter siegte. Sein Urteil nach jahrzehntelanger Ehe über seine Dana: »Ich habe mein Leben lang eine Glücksgöttin geliebt. Ich konnte immer, was ich wollte, und wollte, was ich konnte.«

➤ Lang Johannes (geb. 01.02.1967)
➤ Lang Marianne (geb. 01.02.1967)
   Rhythmenübereinstimmung:
   Körper   = 100 %
   Seele   = 100 %
   Geist   = 100 %
   Feinsinnigkeit = 100 %

Es war auf der Entbindungsstation des Krankenhauses Wahlkirchen, als zwei glückliche Mütter ihr Baby zur Welt brachten. Eine Woche später wurden sie mit den Kleinkindern entlassen und man verlor sich dann aus den Augen. Szenenwechsel: 25 Jahre später verliebte sich in einer Gastwirtschaft ein junger Mann in eine hübsche junge Frau auf den ersten Blick und aus dem Verliebtsein wurde die ganz große Liebe. Die Überraschung war perfekt, als sie beide erfuhren, daß sie am selben Tag und am selben Ort geboren wurden. Es ist leicht zu verstehen, warum dieser Zufall einen Gleichklang der Herzen auslöste.

➤ von Goethe Johann Wolfgang (geb. 28.08.1749)
➤ von Schiller Friedrich (geb. 10.11.1759)
  Rhythmenübereinstimmung:
  Körper   = 100 %
  Seele   = 86 %
  Geist   = 81 %
  Feinsinnigkeit = 89 %

Über das enge freundschaftliche Verhältnis der beiden deutschen Dichter zeichnete Goethes Privatsekretär *Eckermann* folgendes Gespräch auf: »Freunde, wie Schiller und ich, jahrelang verbunden, mit gleichen Interessen, in täglicher Berührung und gegenseitigem Austausch, lebten sich ineinander so sehr hinein, daß überhaupt bei einzelnen Gedanken gar nicht die Rede und Frage sein konnte, ob sie dem einen gehörten oder dem anderen. Wir haben viele Distichen (= zweizeilige Strophen) gemeinschaftlich gemacht, oft hatte ich den Gedanken und Schiller machte die Verse, oft war das Umgekehrte der Fall, und oft machte Schiller den einen Vers und ich den anderen.«

➤ Stoiber Edmund (geb. 28.09.1941)
➤ Stoiber Karin geb. (06.07.1943)
  Rhythmenübereinstimmung:
  Körper   = 82 %
  Seele   = 85 %
  Geist   = 100 %
  Feinsinnigkeit = 95 %

Der bayerische Ministerpräsident ist seit 23. Februar 1968 verheiratet und hat drei Kinder. Beide Eheleute werden mit den Schattenseiten einer Politikerehe gut fertig, denn durch die vielen offiziellen Termine und wenig freien Wochenenden ist so eine Beziehung nur mit gutem Willen und Verständnis am Leben zu erhalten. Ehefrau Karin ist ein politischer Mensch, ein wichtiger Seismograph und die Beraterin ihres Mannes. Ihr Urteil: »Wir harmonieren auch noch nach so langer gemeinsamer Zeit wirklich sehr gut.«

➤ Heesters Johannes (geb. 05.12.1903)
➤ Rethel Simone (geb. 15.06.1949)
  Rhythmenübereinstimmung:
  Körper   = 100 %
  Seele   = 78 %
  Geist   = 81 %
  Feinsinnigkeit = 21 %

Der große Schauspieler und Operettentenor *Johannes Heesters* begeisterte jahrzehntelang in vielen Bühnenauftritten und Musikfilmen ein Millionenpublikum. Er gilt als formvollendeter Kavalier und Charmeur. *Simone Rethel* hat ihn schon mit 16 bewundert. Als sie ihn 1990 heiratete, war sie 41 und er 87. Ihre Generationen übergreifende innige Beziehung wird durch die Gesetze der Biorhythmik mit den guten Voraussetzungen für ein harmonisches Miteinander erklärbar.

➤ Heino (geb. 13.12.1938)
➤ Hannelore (geb. 30.05.1942)
  Rhythmenübereinstimmung:
  Körper   = 91 %
  Seele   = 71 %
  Geist   = 39 %
  Feinsinnigkeit = 47 %

Der deutsche Sänger und Moderator, der in Funk und Fernsehen auch mit seiner Frau Hannelore auftritt, hat ein millionenfaches Publikum. Durch die Rhythmenübereinstimmung sind gemeinsame Interessen und eine gute Verträglichkeit vorhanden. Die Partnerschaft garantiert ein erfolgreiches Gespann. Er schwärmt über sie: »Sie ist kompromißlos ehrlich.« Und sie behauptet von sich: »Ich mische mich gern bei allen Themen ein.«

➤ Strack Günter (geb. 04.06.1929)
➤ Strack Eleonore (geb. 21.07.1936)
  Rhythmenübereinstimmung:
  Körper   = 56 %
  Seele   = 100 %
  Geist   = 81 %
  Feinsinnigkeit =   5 %

Das seit 40 Jahren verheiratete Paar kann zusammen das Glück einer langen Ehe genießen. Beide hat »die Liebe wie ein Blitz getroffen«, und sie führen eine der wenigen Schauspielerehen, die jahrzehntelang halten. Eigentlich wollte sie selbst Schauspielerin werden, aber aus Liebe verzichtete sie auf diesen Beruf und wurde Ehefrau, Sekretärin, Beraterin und Betreuerin.

Befragt nach dem Funktionieren seiner Liebe sagte *Günther Strack* einmal: »Mann und Frau müssen ihre Gemeinsamkeiten stärken, das, was sie verbindet! Konzentrieren Sie sich auf sich selbst. Für mich ist die Ehe die kleinste demokratische Zelle. Das ist die goldene Regel der Liebe. Das wichtigste ist, daß man immer miteinander redet. Schweigen ist die größte Sünde der Liebe ...«

➤ Blair Tony (geb. 06.05.1953)
➤ Blair Cherie (geb. 23.09.1954)
  Rhythmenübereinstimmung:
  Körper   = 91 %
  Seele   = 92 %
  Geist   = 39 %
  Feinsinnigkeit = 42 %

Der britische Premierminister hat seiner Gattin Cherie, die ihn hervorragend bei seinen politischen Aufgaben und Zielen unterstützt, eine öffentliche Liebeserklärung über die 18 Jahre Ehe gemacht. Kurz vor seinem ersten Jahrestag als Labour-Premier bestätigte er, daß er es ohne sie nie so weit gebracht hätte. Sein Bekenntnis, »Ich liebe Cherie. Sie ist der Fels, auf den mein Leben gebaut ist«, wird aus biorhythmischer Sicht voll bestätigt.

➤ Clinton Bill (geb. 19.08.1946)
➤ Clinton Hillary (geb. 26.10.1947)
   Rhythmenübereinstimmung:

   Körper   = 65 %
   Seele   = 7 %
   Geist   = 75 %
   Feinsinnigkeit = 21 %

Clinton ist seit 1975 mit einer erfolgreichen Businessfrau und Mutter verheiratet. Beide zusammen bilden ein starkes Team, weil sie einander blind vertrauen und sich perfekt ergänzen. Sie ist diszipliniert, überlegt und strategisch, während er emotional, spontan kreativ und sehr extrovertriert veranlagt ist. Das Powerpaar ist ein Musterbeispiel dafür, wie man mit einem inneren Wechselbad der Gefühle und Angriffen von außen umgehen muß, um bestimmte Karriereziele zu erlangen und auch zu behaupten.

➤ Lady Diana (geb. 01.07.1961)
➤ Prinz Charles (geb. 14.11.1948)
   Rhythmenübereinstimmung:

   Körper   = 4 %
   Seele   = 42 %
   Geist   = 51 %
   Feinsinnigkeit = 26 %

750 Millionen in aller Welt erlebten am 29.07.1981 am Fernseher die Traumhochzeit zwischen *Prinz Charles* und der 12

Jahre jüngeren Kindergärtnerin *Lady Diana Spencer*. Anläßlich ihres Staatsbesuches im November 1987 in München habe ich über das damalige Thronfolgerpaar in der Münchner Abendzeitung unter dem Titel »Die Verbindung von Charles und Diana umgibt ein Hauch von Tragik« eine Partnerschaftsanalyse veröffentlicht, die sich in der Folgezeit bestätigt hat. Nach der offiziellen Trennung 1992 gingen beide bis zur Scheidung im Februar 1996 eigene Wege.

➤ Lady Diana (geb. 01.07.1961)
➤ Al-Fayed Dodi (geb. 15.04.1955)
   Rhythmenübereinstimmung:
   Körper   = 30 %
   Seele   = 93 %
   Geist   = 52 %
   Feinsinnigkeit = 42 %

Näher kennen- und liebengelernt haben sich die geschiedene *Prinzessin Diana* und der ledige Sohn eines ägyptischen Multimillionärs im August 1997. Weltweit veröffentlichte Fotos von diesem Mittelmeeraufenthalt zeigten das intime Verhältnis des Paares und schürten Spekulationen über eine mögliche Dauerverbindung. Gefestigt wurde diese Romanze vor allem durch die große biorhythmische Seelenverwandtschaft, bei der meist anstehende Probleme oder vorhandene Unterschiede übersehen oder bagatellisiert werden.

➤ Ferres Veronica (geb. 10.06.1965)
➤ Dietl Helmut (geb. 22.06.1944)
   Rhythmenübereinstimmung:
   Körper   = 91 %
   Seele   = 0 %
   Geist   = 87 %
   Feinsinnigkeit = 5 %

Diese Liebesbeziehung zwischen dem Regisseur und der Schauspielerin wird getragen durch die hohe körperliche Anziehungs- und Bindungskraft. Die biorhythmischen Werte zeigen durch den gegenläufigen 28-Tage-Rhythmus eine spannungsgeladene Situation; in Vergleichsfällen ergeben sich oftmals eigenartige Schicksalsbeziehungen, die entweder zu universeller Erfüllung oder starker Vereinsamung führen.

➤ Wötzel Mandy (geb. 21.07.1973)
➤ Steuer Ingo (geb. 01.11.1966)
  Rhythmenübereinstimmung:
  Körper   = 39 %
  Seele   = 28 %
  Geist   = 27 %
  Feinsinnigkeit = 15 %

Dieses bekannte Eiskunstlaufpaar, das 1994 nach Sturz in der Kür bei den olympischen Spielen in Lillehammer ausgeschieden war, ist 1995 Europameister, 1996 Vizeeuropameister und 1997 Weltmeister geworden; bei der Olympiade 1998 in Nagano errangen sie die Bronzemedaille. Das Duo mußte schon viele private Beziehungskrisen und Trainingstragödien mitmachen, zumal sie im Charakter sehr unterschiedlich veranlagt sind: So geht beispielsweise der introvertierte Steuer lieber früh schlafen, während die temperamentvolle *Wötzel* sich eher als »Nachtmensch« fühlt. Beide äußerten die Überzeugung, »daß es mit dem Paarlaufen ist wie in einer Ehe. Man muß mit den Unstimmigkeiten nur richtig umgehen können.«

Mit diesem Statement wird die private Trennung durch die mäßige Rhythmenharmonie in auffallender Weise unterstrichen. Für ein rein berufliches Ziel ist die vorgegebene Situation in machen Vergleichsfällen förderlich gewesen.

Sohn oder Tochter – Wann entscheidet sich das Geschlecht?

»So ist also die Menstruation kein Fluch, mit dem der Schöpfer die Frauen zeichnen wollte, sondern eine Einrichtung, die der denkende Mensch mit Hilfe seines Verstandes heute zum Schlüssel der Berechnung des Konzeptionstermins machen und damit eines der größten Probleme des menschlichen Lebens einer natürlichen Lösung zuführen kann.«
Prof. Dr. Hermann Knaus

Das Geschlecht wird vererbt. Entscheidend dafür ist das Geschlechtschromosom, das aus dem Spermium des Vaters stammt.

Um zu verstehen, wie der uralte Wunsch nach der Vorherbestimmung des Geschlechts der Nachkommenschaft der Erfüllung nähergebracht, der anscheinend blind waltende Zufall ausgeschaltet werden kann, ist es zunächst erforderlich, die Festlegung des Geschlechts zu erklären. Im Grunde ist alles ganz einfach: Der Mensch »erbt« es von seinen Eltern genauso wie die charakterlichen, körperlichen und geistigen Anlagen, die in den »Genen«, den kleinsten Einheiten des Bauplans eines Menschen, fixiert sind. Die Gene sind sogenannten Kernschleifen oder Chromosomen aufgereiht, und jeder Mensch erhält bei der Zeugung 23 Chromosomen der Mutter sowie 23 Chromosomen des Vaters.

Bemerkenswert ist nun, daß die Frage, ob das Geschlecht des gezeugten Wesens männlich oder weiblich wird, allein von der Art der Chromosomen im (männlichen) Samen abhängt. Seit geraumer Zeit ist bekannt, daß es zwei unterschiedliche Arten von geschlechtsbestimmenden Chromosomen im Samen des Mannes gibt: Im Y-Chromosom steckt die »männliche« Erbanlage, im X-Chromosom die weibliche.

In der Eizelle der Frau dagegen sind die geschlechtsbestimmenden Chromosomen immer nur X-Chromosomen. Kommt es zur Befruchtung, das heißt zur Vereinigung der Chromosomen der beiden Partner, so kann die Kombination Y-Chromosom des Samens/X-Chromosom des Eis auftreten: Es entsteht ein männliches Lebewesen (XY). Wenn die Kombination X-Chromosom des Samens/X-Chromosom des Eis zustande kommt, dann ist das Geschlecht des werdenden Organismus weiblich (XX).

Die Samenzellen mit X-Chromosomen unterscheiden sich von den Samenzellen mit Y-Chromosom nicht nur dadurch, daß sie ein anderes »Bauprogramm« enthalten, sie sind auch in ihrem Äußeren, das heißt in ihrer Größe, in der Form des Samenzellenkopfes und in der Art ihres Verhaltens unterscheidbar. Wichtige Erkenntnisse auf diesem Gebiet verdanken wir neuerdings amerikanischen Wissenschaftlern.

So hat *Prof. Landrum B. Shettles*, Gynäkologe an der New Yorker Columbia-Universität, nachgewiesen, daß das Äußere und das Verhalten der Samenfäden einen entscheidenden Einfluß auf die Geschlechtsbestimmung ausüben. Denn es kommt bei der Befruchtung zu einem Wettlauf der Samenfäden: Die etwas kleineren, mit elliptisch verjüngtem Kopf versehenen Y-Chromosomen-Fäden bewegen sich schneller als die X-Fäden und erreichen die weibliche Eizelle als erste; ein Junge wird heranwachsen. Durch ihr längeres Leben haben aber auch die X-Chromosom-Fäden ihre Chance. Wenn der Geschlechtsverkehr zwei Tage vor dem Eisprung stattfindet, sind die Y-Fäden bereits abgestorben, und die Samenzellen mit den X-Fäden sorgen für weiblichen Nachwuchs.

In der Theorie wird infolge des Unterschieds zwischen den X-Chromosom-Samenfäden und den Y-Chromosom-Samenfäden alles ganz einfach bei der Geschlechtswahl. Einmal im Monat, etwa in der Mitte der Zeit zwischen zwei Perioden einer Frau, verläßt ein reifes Ei den Eierstock und wandert durch den Eileiter zur Gebärmutter. Hier bleibt es etwa zwölf Stunden lang befruchtungsfähig, in dieser Zeit muß es zu einem Eindringen einer männlichen Samenzelle mit X-Chromosom oder mit Y-Chromosom kommen.

Beachten Sie

> Bisherige Forschungsergebnisse lassen den Schluß zu, daß das Geschlecht eines Menschen entschieden wird durch die biorhythmische Situation der Mutter (evtl. auch beider Elternteile) in dem Zeitraum vom Beginn der letzten Menstruation bis zum Tag der Empfängnis.

Mehrere Rhythmenforscher und Fachärzte haben anhand von tausenden überprüfter Fälle eine Regelmäßigkeit herausgefunden, die in kurzer Formulierung lautet:

Einfluß der Rhythmenlage

- Die Tendenz zur Zeugung eines **mänlichen** Nachkommen stellt sich bei ansteigender oder hoher Rhythmenlage des 23-Tage-Rhythmus (K) und gleichzeitiger tiefer oder fallender Rhythmenlage des 28-Tage-Rhythmus (S) ein.
- Die Tendenz zur Zeugung eines **weiblichen** Nachkommen ergibt sich bei ansteigender oder hoher Rhythmenlage des 28-Tage-Rhythmus (S) und gleichzeitiger tiefer oder fallender Lage des 23-Tage-Rhythmus (K).

Schlußwort

Wenn Sie das Buch durchgelesen haben und die sinnvollen Ratschläge in Ihre Lebensplanung oder Ihre Berufsausübung einbauen wollen, dann gehören Sie zu den Millionen Menschen in der ganzen Welt (vor allem in den USA und Japan), die die Biorhythmik als wertvolle Lebenshilfe akzeptieren. Schon das Wissen um die biorhythmischen Gesetzmäßigkeiten und deren Anwendungsmöglichkeiten bringt vielen die Chance, Vergangenes zu analysieren und Zukünftiges besser zu bewältigen. Bekanntlich kennt jeder von uns »gute« und »schlechte« Tage: Tage, an denen alles gelingt, und Tage, an denen man am liebsten im Bett geblieben wäre. Es ist sicherlich hilfreich, die ganz persönlichen Hoch- und Tiefphasen aufzuspüren. Glauben Sie mir bitte: Es gibt ein naturgegebenes Gesetz des ständigen Wechsels, auf das man sich einstellen und das man sogar nutzen kann. Im Einklang mit dem eigenen Rhythmus zu leben befähigt jeden von uns, mehr Stabilität in das Dasein zu bringen und wechselnden Winden gerecht zu werden.

Dazu kommt noch ein weiteres, nämlich die Tatsache, daß wir den einen Menschen sympatisch finden und einen anderen weniger. Auch dahinter verbirgt sich ebenfalls das Gesetz der biorhythmischen Schwingungen. Wer diese Hintergründe kennt, wird in seinen zwischenmenschlichen Beziehungen mehr Harmonie erreichen und Fehleinschätzungen vermeiden.

Auf eines muß abschließend noch einmal hingewiesen werden: Rhythmus ist – im Gegensatz zum unveränderlichen

Takt – ein von äußeren und inneren Faktoren beeinflußbarer periodischer Zeitablauf. Wer mit dieser Tatsache bewußt zu leben versteht, kann und wird die Zeit für sich arbeiten lassen!

Aus meiner jahrzehntelangen Erfahrung als biorhythmischer Forscher und Lebensberater weiß ich, daß manche Leserin oder Leser noch Fragen zum umfangreichen Gebiet der Periodenlehre haben. Vielleicht wünschen Sie Auskunft über die technischen Hilfsmittel zur Darstellung der Biokurven (z.B. Kalenderscheiben, Bio-Uhren, Computer, Programme), über neue Anwendungsgebiete, aktuelle Forschungsergebnisse oder spezielle Fachliteratur.

Aus diesem Grunde biete ich von Zeit zu Zeit in Landsberg Wochenend-Seminare an, in denen im kleinen Kreis, unter Berücksichtigung des Wissensstandes der Teilnehmer, auf Sonderfragen eingegangen wird. Ziel solcher Veranstaltungen ist es, Anregungen und Informationen zu geben über ein Wissensgebiet, das jedem unabhängig vom Alter, Geschlecht, Beruf oder Einstellung enorme Vorteile verspricht.

Interessierte erhalten die Unterlagen gegen einen frankierten Freiumschlag mit Anschrift vom:

Biorhythmik-Studio
Postfach 11 24
86881 Landsberg am Lech

Literatur

Leser, die sich mit den biologischen Rhythmen bei Mensch und Tier beschäftigen wollen, seien auf das ausgezeichnete Buch »Körper-Rhythmen – Die Uhr in uns geht ganz genau« von *Gay G. Luce* verwiesen. Es gibt einen eingehenden und sehr beeindruckenden Überblick über erste Ergebnisse der medizinisch-biologischen Forschung auf dem bisher etwas stiefmütterlich behandelten Gebiet der zyklischen Erscheinungen.

Luce schreibt: »Auch wenn die Schwankungen, denen wir jeden Tag unterworfen sind, relativ unbedeutend erscheinen mögen, werden die biologischen Zyklen für die wissenschaftliche Forschung auf vielen Gebieten der Biologie, Medizin, bei der Entwicklung und Erprobung von Medikamenten, beim Studium der Physiologie des Menschen, beim Erforschen der Hirntätigkeit und der Feinheiten des menschlichen Tuns und Wahrnehmens grundlegendes Informationsmaterial hergeben.«

Sachregister